职业教育专业教学资源库十年建设与实践

尹成鑫　张启明　方灿林　编著

中国教育出版传媒集团

高等教育出版社·北京

图书在版编目（CIP）数据

职业教育专业教学资源库十年建设与实践 / 尹成鑫，张启明，方灿林编著. -- 北京：高等教育出版社，2023.6

ISBN 978-7-04-060017-9

Ⅰ.①职… Ⅱ.①尹… ②张… ③方… Ⅲ.①职业教育 - 教育资源 - 研究 - 中国 Ⅳ.① G719.2

中国国家版本馆 CIP 数据核字（2023）第 036498 号

职业教育专业教学资源库十年建设与实践
ZHIYE JIAOYU ZHUANYE JIAOXUE ZIYUANKU SHINIAN JIANSHE YU SHIJIAN

策划编辑	叶 波	责任编辑 杨 莉		封面设计 裴一丹	版式设计 张 杰
责任绘图	马天驰	责任校对 张慧玉 窦丽娜		责任印制 田 甜	

出版发行	高等教育出版社	网　　址	http://www.hep.edu.cn
社　　址	北京市西城区德外大街 4 号		http://www.hep.com.cn
邮政编码	100120	网上订购	http://www.hepmall.com.cn
印　　刷	涿州市京南印刷厂		http://www.hepmall.com
开　　本	787mm×1092mm　1/16		http://www.hepmall.cn
印　　张	8.25		
字　　数	100 千字	版　　次	2023 年 6 月第 1 版
购书热线	010-58581118	印　　次	2023 年 8 月第 2 次印刷
咨询电话	400-810-0598	定　　价	28.00 元

本书编委会

策　划：陈子季　林　宇　贾瑞武

顾　问：孙善学　邓志良　董　刚　刘建超　任君庆

编　委（按姓氏笔画排序）：

王　冰　王　博　王婧洁　孔雪燕　叶　波　田奇恒　冯　雪

庄榕霞　池云霞　孙　辉　李　礼　李　贞　李晓秋　杨　丰

吴修娟　邱志军　宋学平　张少伟　张朋军　张维玲　陈　鹏

陈艳君　罗　影　郇玉龙　赵　宁　侯小菊　侯志华　袁利国

顾湘媛　徐　刚　徐　坚　郭庆志　黄小灵　黄慧婷　韩宏彦

翟学昌

前　　言

职业教育专业教学资源库（简称"资源库"）作为教育部"职业教育专业能力建设专项"立项支持的教育信息化重点项目，是推动信息技术在职业教育专业教学领域综合应用的重要手段，也是职业教育领域落实"互联网+"战略，推进教育创新发展的综合改革举措。自 2010 年启动以来，资源库建设已基本覆盖职业教育专业大类，形成了国家、省、学校三级互补的优质资源共建共享体系。回望过去，站在新的起点上，本书系统梳理了资源库的阶段特征、建设成效、服务贡献，分析了存在的问题，以期确定新阶段资源库的改革方向。

多年来，资源库因需而生、应时而变，与职业教育改革发展同频共振、同向同行，从无到有、从小到大、从弱到强，经历了建设探索、内涵提升、应用强化、服务转型等发展阶段，在扩大优质资源覆盖面、完善共建共享平台、健全资源认证标准、探索资源交易机制等方面取得了突破性的进展，实现了建在专业上、用在课堂中，超越时空、覆盖全国的跨越式发展，探索形成了具有中国特色的资源建设与应用模式。

2021 年 6 月，本书编写组成立，编写团队包括职业教育和信息化领域的研究专家学者、职业院校一线教师、教育行政部门工作人员以及专职编写人员等。编写组历经广泛调研、框架研讨、案例征集、集中编写、征求意见等工作，最终形成本书。书中围绕全国职业院校的资源库建设与应用，不限于事实描述，不囿于理论探讨，以专题为主线，以梳理客观事实为基础，穿插数据分析与案例整理，辅以文献综述等方式，全面总结资源库建设与应用的发展成就，系统梳理资源库建设与应用的核心问题，分析资源库"2.0 升级版"的堵点和难点，探讨未来资源库重点发展方向。

本书共设立六个专题，分为系统谋划，政策引领；人才培养，成效卓越；服务发展，扬帆起航；理实同行，渐成体系；优化机制，激发活力；直面挑战，再踏征程。从政策执行、人才培养、产业服务、学术研究、机制创新等方面对资源库进行了总结，直面时代诉求与挑战，并发出搭平台、调结构、强服务、优环境的资源库 2.0 升级之音。本书具有以下特点：

从学术思想来看，本书坚持理念先行，通过对资源库多年来的国内外研究成果进行总结梳理，系统归纳了我国资源库改革与发展的脉络，指明资源库建设和研究的主要方向。

从内容特点来看，本书坚持结果导向和问题导向，对资源库建设发展中优秀成果进行梳理，对不足的地方深入分析，从多角度出发，实事求是总结和反思资源库发展情况。

从结构体系来看，本书坚持从实际出发，聚力于《国家职业教育改革实施方案》对资源库提出的核心要求，既从宏观上把握资源库发展现状，也从微观出发对关键领域的关键问题进行重点分析和阐述。

十几年不是终点，而是起点。资源库十几年如一，从零开始、筚路蓝缕、引领改革，经历了成长的蜕变。目前，资源库再出发，必将攻坚克难、砥砺前行、守正创新，为打造中国特色的职业教育资源建设和应用模式，彰显职业教育类型特色，继续添砖加瓦，再续辉煌。

编者

2022 年 12 月

目　　录

第一部分 系统谋划，政策引领

职业教育专业教学资源库是"互联网 + 教育"模式在职业教育领域率先落地的项目，是职业教育信息化建设的先驱者和主力军。资源库是由职业院校牵头，行业企业共同参与，以职业教育专业为依托，利用现代信息技术手段，通过共建共享集合全国优质教学资源，满足职业院校师生、企业员工和社会学习者"能学、辅教"需求的在线教学和学习系统。资源库汇聚专业学习资源，覆盖专业所有基本知识点和岗位技能点，反映职教改革最新理念，代表专业发展最高水平。[①] 现阶段，作为普及应用的资源汇聚与应用服务平台，资源库已成为职业教育专业教学和职业培训领域信息化应用的重要手段，在促进优质资源共享、推动教学改革、提升社会服务能力方面发挥着重要作用，已然成为职业教育教学信息化的标志。在促进职业教育信息化进程，加快职业教育教学改革的步伐中，资源库建设要求和内涵与时俱进，逐步形成了功能定位明确、建设思路清晰、建设内容包容、组织保障健全的长效机制与工作制度。

截至 2021 年 12 月 31 日，国家级资源库已立项 203 个，覆盖了 19 个专业大类和 72 个专业类；标准课程总量已达 7 069 门，衍生了一大批国家精品在线开放课程；资源库项目资源总量达 500 万余条，已有 1 400 余所高等职业院校、900 余所中等职业院校和 2 800 余家行业企业参与建设；注册用户 1 902 余万人，其中学生用户占比 91.2%，总访问次数 73 亿次，基本形成国家、省、学校三级互补的优质资源共建共享体系，有力地推动了信息技术在职业教育专业教学和职业培训领域的综合应用。资源库共有 273 个主持单位，包括 253 所院校、12 个行业指导委员会、5 个行业协会、3 家企业，分布在全国 28 个省（区、市），其中，第一主持单位均为职业院校，是资源库建设团队的核心。在 253 所主持院校中，"双高计划"建设院校有 145 所，占比 57.31%。

在参建资源库数量最多的前 93 个单位中，有 90 所高职院校、3 家企业。参建资源库数量最多的 90 所高职院校中，"双高计划"建设院校 75 所，占 90 所参建院校的 83.33%，涉及 193 个资源库，占所有资源库的 95.07%。

从区域分布看，253 所主持院校中有东部院校 148 所、中部院校 71 所、西部院校

---

① 郭庆志，王博，张磊，等.国家级职业教育专业教学资源库建设与应用分析报告 2016[M].北京：中央广播电视大学出版社，2017.

34 所。因东部院校整体实力较强，在主持单位中占据较大比例，契合了资源库"汇聚一流资源"的定位。中西部院校在经济社会发展条件相对较弱的情况下，通过聚焦自身优势、凝练专业特色，在资源库建设中占据了一席之地。例如四川建筑职业技术学院主持了建筑工程技术专业教学资源库，新疆农业职业技术学院主持了作物生产与经营管理专业教学资源库，武汉船舶职业技术学院主持了船舶工程技术专业教学资源库，长沙民政职业技术学院主持了社区管理与服务专业教学资源库，黄河水利职业技术学院主持了水利水电建筑工程专业教学资源库，陕西铁路工程职业技术学院主持了地下与隧道工程技术专业教学资源库，等等，均是具有院校特色的强势专业的资源库。

从省域分布看，江苏、浙江、广东、山东、湖南等省份的院校（机构）主持资源库数量居于全国前五位。江苏和浙江两省的资源库合计达 94 个，与其他省份相比，在优质资源建设与共享方面走在全国前列。湖南、湖北等中部省份在院校数量和经济发展水平并不占优势的情况下，主持资源库数量居于全国前列，更显难能可贵。

从院校分布看，有 95 所院校主持 2 个以上资源库，其中"双高计划"建设院校有79 所，占比 83.16%。深圳职业技术学院、金华职业技术学院分别主持了 5 个资源库，南京工业职业技术大学（原南京工业职业技术学院）、宁波职业技术学院、山东商业职业技术学院、陕西国防工业职业技术学院、襄阳职业技术学院、浙江金融职业学院 6 所院校分别主持 4 个资源库，这 8 所院校位居承担资源库项目数量最多的院校前列。

1.1 资源库政策发展历程

2006 年，教育部谋划实施资源库项目，以期通过信息技术集成和共享优质教学资源，推广"国家示范性高等职业院校建设计划"的建设成果。2010 年，按照《国家中长期教育改革和发展规划纲要（2010—2020 年）》（中发〔2010〕12 号）"建设有效共享、覆盖各级各类教育的国家数字化教学资源库和公共服务平台"要求，资源库项目正式启动。2014 年，按照《国务院关于加快发展现代职业教育的决定》（国发〔2014〕19号）"逐步实现所有专业的优质数字教育资源全覆盖"要求，逐步加快资源库建设步伐。2015 年，《高等职业教育创新发展行动计划（2015—2018 年）》（教职成〔2015〕9 号）明确，要"构建国家、省、学校三级数字教育资源共建共享体系"。2019 年的《国家职业教育改革实施方案》和 2020 年启动的《职业教育提质培优行动计划（2020—2023年）》对资源库在进一步扩大优质资源覆盖面等方面提出了更高的要求，要求资源库做出更多的贡献。

1.1.1 建设指导要求逐步细化

资源库的启动源自落实《教育部、财政部关于实施国家示范性高等职业院校建设计划加快高等职业教育改革与发展的意见》（教高〔2006〕14 号）精神，它是从高职示范校项目中分离出来的中央财政专项支持的职业教育资源建设项目，也是《国家中长期教育改革和发展规划纲要（2010—2020年）》规定的具体任务，更是推动信息技术在职业教育专业教学领域综合应用的重要手段。资源库是利用网络信息技术，通过校企合作共建共享优质教学资源，提升教学信息化水平，推动职业教育理念、教学方法和学习方式变革，提高人才培养和培训质量，为社会学习者提供服务，增强职业教育社会服务能力，为构建灵活开放的终身教育体系、促进学习型社会建设提供条件和保障的综合性服务平台。

1.1.1.1 资源库启动组织阶段

资源库是"互联网＋教育"在职业教育领域的重要探索，发挥着引领教育教学改革的重要作用，在起步阶段，如何建设好资源库是亟待解决的问题。2010年5月在资源库申报通知发布时，以附件形式提供了《高等职业教育专业教学资源库项目申报指南》，对资源库建设的意义、目标、内容、要求以及申报方式作出说明，旨在通过阐述资源库的系统设计，借助先进技术、开放式管理，依托网络运行、资源持续更新的方式，建设代表国家水平、具有高等职业教育特色的标志性教学资源库，带动高职教育教学改革，加强专业与课程建设，推动优质教学资源共建共享，提高人才培养质量，并为相关产业领域在岗人员在职进修和技能提升提供服务，为满足个人多样化学习需要提供服务。《教育部关于确定高等职业教育专业教学资源库2011年度立项建设项目的通知》（教职成函〔2011〕7号）中提出"共建共享、边建边用"的原则，以资源素材为核心，着重建设涵盖教学设计、教学实施、教学评价的数字化专业教学资源，并对普适性的资源建设和拓展模块提出了相应的要求。

2013年，经过细化和修订后的《职业教育专业教学资源库项目2013年度申报指南》，进一步将资源库建设意义提升到"为促进学习型社会建设和学习者自主学习提供条件和保障"，提出"到2015年建设50个具有职业教育特色、服务重点产业发展的国家专业教学资源库"，更是首次提出构建"国家、省、学校三级，互为补充的职业教育专业教学资源系统"的目标，并要求资源库"融入职业资格标准，对接国际标准，体现中高职衔接。"

1.1.1.2 资源库建构逻辑标准化阶段

为解决资源库启动组织阶段中出现的项目组织结构多样、资源库平台各具特点、资源建设标准化缺乏等问题，《教育部关于确定职业教育专业教学资源库2014年度立项建设项目的通知》（教职成函〔2014〕10号）深入阐述了资源库的建设目标、建设原则和服务对象，2014年，《高等职业教育专业教学资源库项目申报指南》调整为《职业教育专业教学资源库建设工作指南》，着重依托技术平台的标准化，以建设更加完善和更加标准化的资源库为建构逻辑。对资源库的建设目标、项目组织、建设内容、支持条件、其他要求五方面提出了详细的要求。一是要求按照"国家急需，全国一流"的原则，主要面向专业布点多、学生数量大、行业企业需求迫切的职业教育专业领域建设国家级资源库；二是要求资源库"组建一流团队，汇聚一流资源，提供一流服务"，为全国相同专业的教学改革和教学实施提供范例、共享资源；三是资源库功能基本定位为"辅教辅学"，要求按照"碎片化资源、结构化课程、系统化设计"进行顶层设计和规范建设；四是提出探索建立学习成果认证、积累和转换机制。

2015 年，《职业教育专业教学资源库建设工作指南》提出，资源库定位从"辅教辅学"调整为"能学、辅教"，并对能学、辅教做出明确的定义，增加"监测与管理""奖惩机制"两部分内容。鼓励项目团队组建共建共享联盟，要求把资源库建设成为智能化、开放性学习平台，满足"终身性、全民性、泛在性、灵活性"的学习型社会要求。

2016 年，资源库建构逻辑从"碎片化资源、结构化课程、系统化设计"调整为"一体化设计、结构化课程、颗粒化资源"，强化整体设计，突出体系结构化特征，进一步提高资源的可用性要求。一体化的设计理念是资源库建设的前提，以满足用户使用需求为目标，根据专业领域特点，对知识结构、资源属性和运行平台功能等进行整体设计；成套规范的课程，是资源库建设的重点，要在教学改革的基础上为用户提供代表本专业最高水平的整套专业核心课程，用户使用过程中所搭建的课程可作为资源库运行过程中的新生资源，但不作为资源库必须具备的"结构化课程"；颗粒化资源是资源库建设的基础，体现了信息技术优势，在保障科学性和有效性的前提下尽可能设计成较小的学习单元，颗粒化存储，便于检索和组课。

1.1.1.3　资源库建设强化阶段

为了进一步完善资源库项目的长效管理机制，着重促进资源库面向专业，建立国家级、省级和校级三级资源库建设机制。2017 年，教育部办公厅《关于做好职业教育专业教学资源库 2017 年度相关工作的通知》（教职成厅函〔2017〕23 号）将《职业教育专业教学资源库建设工作指南》调整为《职业教育专业教学资源库建设工作手册》，指导总要求从"国家急需，全国一流"变化到"国家急需、全国一流、面向专业"，进一步对"一体化设计、结构化课程、颗粒化资源"进行了详细阐述，提出资源布局与资源库运行平台功能的"一体化设计"是资源库建设的前提，要求以满足用户使用需求为目标，根据专业领域特点，对知识结构、资源属性和运行平台功能等进行整体设计。系统规范、涵盖本专业全部专业核心课的"结构化课程"体系是资源库建设的重点，要以行业企业需求为导向，以教学与课程改革为基础，以本专业教学标准为指导，突出职业教育特色，融入创新创业教育，强化网络"教"与"学"特点，一般应由若干标准化课程和个性化课程组成；标准化课程应结构清晰、逻辑紧密、体系完整，建设质量能够代表国内先进水平；个性化课程是对标准化课程的延伸、拓展或补充。

《教育部 2018 年工作要点》（教政法〔2018〕1 号）对资源库建设工作提出：要继续面向专业布点多、学生数量大、行业企业需求迫切的职业教育专业领域，按照"自主建设、省级统筹、遴选入库、择优支持、边建边用、验收评议、持续应用"的方式开展。2019 年，《国家职业教育改革实施方案》提出"健全专业教学资源库，建立共建共享平台的资源认证标准和交易机制，进一步扩大优质资源覆盖面"的要求，并且对"建设优质教学资源""完善共建共享平台""健全资源认证标准""探索资源交易机制"分别提出了具体要求。同时对资源库的建设内容也做了较大调整，强化了专业人才培养方案和培训资源等建设内容的相关要求。

1.1.2 建设基础要求逐渐强化

1.1.2.1 示范（骨干）高职校领衔阶段

资源库项目启动初期，项目申请仅面向示范（骨干）建设高等职业院校，通过校企融合、优势互补的方式，由示范（骨干）高等职业院校牵头组建资源库开发团队。2010年，由"示范性高等职业院校建设计划实施工作办公室（教育部高等教育司代章）"发文，选择了数控技术等11个与当时国家产业规划及社会经济发展联系紧密、布点量大的专业，按照自愿申报、专家评审、行政复议、审批立项的程序进行评审立项。要求国家示范高职建设院校牵头组建资源库开发团队，吸引行业企业参与，整合社会资源。在集成该专业全国优质课程建设成果的基础上，采用整体顶层设计、先进技术支撑、开放式管理、网络化运行的方式进行建设。此轮11个资源库项目主持院校均为高等职业教育示范校入选院校。

2011年，资源库项目在种子生产技术、畜牧兽医、飞机与航空设备维修、药物制剂技术等15个领域中，采用择优遴选方式立项建设，提出以自愿申报、专家评议、择优推荐的程序进行遴选。此次遴选通知中未明确申报学校的资格要求，只是提出要根据自身条件来申报，但仍然是以"示范性高等职业院校建设计划实施工作办公室（教育部高等教育司代章）"名义发出遴选工作通知。根据《教育部关于确定高等职业教育专业教学资源库2011年度立项建设项目的通知》（教职成函〔2011〕7号），此次遴选确定的17个建设项目主持院校由13个国家示范校和5个国家骨干校组成，其中轮机工程技术专业教学资源库是由2个学校联合主持。此轮17个项目分两批开始建设，其中园林技术、高速铁道技术、药物制剂技术、软件技术、工程测量技术、印刷与数字印刷技术、电子商务、特警、数字校园学习平台9项作为年度第一批建设项目开始建设。2012年年初，发布了《教育部关于启动高等职业教育专业教学资源库2011年度第二批立项项目建设工作的通知》（教职成函〔2012〕1号），畜牧兽医、轮机工程技术、生物技术及应用、数控设备应用与维护、网络技术、金融、艺术设计、酒店管理8项作为2011年度第二批建设项目正式开始建设。

2013年起，资源库的牵头单位由国家示范校和骨干校，进一步扩大为独立设置的职业院校，高职项目由高职学校牵头申报，中职项目由中职学校牵头申报，且同等条件下，国家示范、骨干高职院校牵头项目被优先考虑。建设方式延续校企联合的形式，实现校企融合、优势互补。高等职业教育专业教学资源库在作物生产、水利工程、建筑设备、供用电技术、机电一体化、食品加工、环境监测、社区管理、市场营销以及民族文化传承创新等有关专业领域遴选立项不超过11个，中等职业教育专业教学资源库在加工制造、旅游服务等有关专业领域遴选立项不超过2个，面向技工教育的中等职业教育专业教学资源库在电气自动化设备安装与维修专业领域遴选立项1个。

为了更大规模调动高职院校参与的积极性，加快推进各高职院校的专业教学改革，呼应新兴产业的发展需要，资源库项目愈来愈关注资源库建设的基础实力。项目自2014年起开始扩大资源库建设单位的准入范围，减少牵头院校身份限制，优先支持国家鼓励类产业、战略性新兴产业领域的资源库建设。2014年，中央财政支持的资源库项目按照"统一要求、自主建设、自愿申请、择优支持"的方式进行组织，不再限定具体专业方向，符合要求的项目均可自愿提出申请，中央财政择优支持。在条件设置与建设和应用情况上，提出"已建资源不少于2 000条，文本类和图形（图像）类资源数量占比不超过50%""已经上线并保持运行，注册用户不少于100人且活跃度较高"等量化条件，对于主持单位要求进一步放开，表述为"同等条件下，国家示范、骨干高职院校牵头项目优先考虑"。这一年立项的14个资源库中，国家示范、国家骨干和非国家示范骨干高职院校第一主持牵头的资源库比例为5∶4∶5，这标志着资源库建设工作向着淡化牵头院校身份、注重资源建设情况的方向转变。

2015年，对申请资源库量化条件做了提升，如"已建成专业核心课程不少于6门""文本类和图形（图像）类资源数量占比不超过50%""注册用户不少于1 000人且活跃度较高"。对于主持单位的要求和2014年保持一致。同时，鼓励申请填补高职专业大类空白的资源库，优先支持国家鼓励类产业、战略性新兴产业领域的资源库，持续强化民族文化传承，继续支持"民族文化传承与创新"资源库建设其他子库。这给拥有相关特色专业的学校提供了比较大的申报成功机会。在2015年立项的22个项目中，国家示范、国家骨干和非国家示范骨干高职院校第一主持牵头的资源库比例为8∶7∶7。

1.1.2.3 备选库择优遴选和升级改进支持阶段

为提高教学资源建设数量和质量，拓宽资源库建设的生命周期，在延续原有遴选立项的基础上，增加了备选资源库和升级改进资源库的组织形式和管理模式。资源库项目按照"自主建设、省级统筹、择优入库、有序支持、验收监测、持续更新"的方式进行组织，在延续遴选立项建设的基础上，增加了备选资源库和升级改进资源库两类建设方式，一是从已建成或在建的省级资源库项目中遴选国家级资源库备选项目；二是增加从已通过验收、正在使用的资源库中遴选若干资源更新到位、应用效果较好、后续建设规划科学合理的项目以继续安排经费支持的方式开展升级改造。国家级资源库备选项目由独立设置的职业院校（中、高职均可）牵头建设。每校每年牵头申请项目不超过1个（参与项目个数不限）。对于列入国家级资源库备选库的要求在上一年遴选要求的基础上进一步提升，例如"经抽查合格资源占比不得低于95%""人数不少于2 000人且活跃度较高"，等等。

2016年，选定地下与隧道工程技术等49个资源库顺序入库备选，确定其中排名在前的地下与隧道工程技术等19个资源库为立项建设项目，确定会计等4个资源库为2016年度升级改进支持项目，确定学前教育等5个资源库为2017年度升级改进支持项目。2017年，首次遴选快递运营管理等69个资源库为年度国家级备选资源库，2018年，从备选资源库中确定支持快递运营管理等 13 个资源库和环境监测与治理技术等 3 个资源库升级改进，同时遴选确定水产养殖技术等 81 个资源库为年度国家级备选资源库。2019 年将备选资源库中综合指标排名前 15 的项目和排名靠前的 3 个升级改进项目予以立项。2019 年 11 月，没有再延续备选资源库建设，将基本具备立项条件的 76 个新申报项目和 8 个升级改进项目予以立项。

1.1.3 遴选运行机制持续优化

2010—2019 年，资源库的申报评审流程持续优化，不同阶段资源库评审立项的程序如图 1-1 所示。

图 1-1 不同阶段资源库评审立项的程序示意图

1.1.3.1 网评复议阶段

资源库项目启动初期，建设项目主要面向国家示范性高等职业院校进行试点，主要解决资源库从无到有、申报立项、基础建设的问题。由示范性高等职业院校建设计划实施工作办公室发布《高等职业教育专业教学资源库项目申报指南》，明确资源库建设专业申报范围，各校按照自愿申报、专家评审、行政复议、审批立项的程序进行。

1.1.3.2 择优支持阶段

从 2014 年开始，资源库主要面向专业布点多、学生数量大、行业企业需求迫切的职业教育专业领域进行遴选，不再限定资源库建设的具体专业方向。由教育部制定并公布资源库建设的基本要求，鼓励专业领域内的优势职业院校，瞄准社会需求，汇聚本专业具有不同代表性的学校和行业内有影响力的企业组建项目团队，自主开展资源库建设。申请中央财政支持的资源库须与已立项国家级资源库的专业领域不重复或高度相近；已建资源不少于 2 000 条，资源类型多样、分布合理，文本类和图形（图像）类资源数量占比不超过 50%；项目团队校企融合、优势互补，能够代表该专业领域全国一流水平，且分工明确、协作有序、执行力强；资源库已经上线并保持运行，注册用户不少于 100 人且活跃度较高；资源建设标准和评价机制明确，知识产权与资金管理制度健全；截至 2014 年在前五年使用中央财政支持资金中有异常现象的，不予支持。2015 年对申请资源库的量化条件做了进一步提升。

这个阶段重在加强建设更优质的教育教学资源，主要解决进一步提升教学资源建设质量的问题。项目的申请与评议工作坚持公开、公平、公正的原则，按照自愿申请、资格审查、材料公示、网络预审、专家评议、择优支持的程序进行。由牵头学校自愿提出申请并按要求提交申请材料，每校每年牵头申请项目不超过 1 个（参与项目个数不限），尚未验收的在建资源库牵头学校不得牵头申请新的项目；资格审查符合条件的申请项目接受为期一周的公示并参加网络预审；根据公示结果和网络预审意见确定参加专家评议的申请项目；专家评议采用现场陈述答辩方式，专家组根据项目已有基础、申请材料和陈述答辩情况，合议确定年度支持项目。

1.1.3.3 优中选优阶段

项目启动至 2016 年，资源库教学资源质量显著提升，后续主要解决资源库的带头辐射效用和组织管理规范等问题，着力构建国家、省、学校三级申报建设体系。在省级资源库立项的基础上，确定国家级资源库备选项目库，根据部本专项预算，每两年从备选项目库中选择一批予以支持。资源库的评审按照资格审查、材料公示、网络预审、专家评议、合议确定等步骤进行。经省级推荐符合条件的申请项目接受为期一周的公示并参加网络预审（包括对运行平台的技术测试），通过预审的项目参加专家评议。专家评议采用现场陈述答辩方式。专家组根据项目已有基础、使用情况、覆盖面，结合申请材料、陈述答辩情况，合议确定备选项目，列入国家级资源库备选项目库。教育部根据入选国家级资源库备选项目库排名、省级支持力度及建设成效，在"教育部职业教育专业能力建设专项"中安排支持经费，正式立项为国家级职业教育专业教学资源库建设项目，并重点审核认定其建设方案和项目预算。

2017 年，教育部按照院校申请、省级推荐、资格审查、材料公示、网络预审、现场评议的程序遴选国家级备选资源库；已列入资源库备选项目库的项目，参加新一轮遴选时免于省级推荐。同时规定，符合以下条件的资源库将在同等条件下优先入选：一是国家鼓励类产业、战略性新兴产业领域的资源库；二是国际化程度高，服务国家"一带一路"倡议相关产业领域的资源库；三是现有建设基础好，省级教育行政部门、行业企业支持力度大的资源库；四是"民族文化传承与创新"资源库子库。2018 年、2019 年在此基础上，选优条件做了进一步修改完善。

1.1.4 监测反馈成效逐渐凸显

2010—2019 年，不仅资源库的功能设计、组织实施和平台建设历经了起步探索到逐步完善，对应的质量监测以及管理机制也得到相应完善。

1.1.4.1 资源质量评价探索阶段

在资源库的建设起步阶段，主要解决资源库质量监测机制从无到有的问题。试点建设初期就开始引入资源库的资源更新机制，要求资源库应持续更新，每年更新比例不低于资源存储总量的 10%。2014 年起，正式引入资源库的资源评价机制。在保证每年更新比例不低于资源存储总量的 10% 的基础上，要求资源库项目委托第三方，对资源更新、应用推广情况进行持续监测，定期发布监测结果。建立使用者网上评价和专家审查相结合的资源评价机制；资源入库前须进行审核，项目牵头学校须对全部资源（参建单位须对所承建资源）的教育性、科学性、技术性、艺术性以及知识产权负责。

1.1.4.2　监测数据纳入项目验收阶段

随着资源库功能的不断完善，为逐步解决教学资源数量规模大、种类样式多造成的监测数据不及时、效率不高等问题，建立了"国家级职业教育专业教学资源库运行监测平台"（以下简称"监测平台"），通过技术手段，加强资源库的运行状态监督。2015 年起，由监测平台对资源库的使用效果、资源更新、用户行为等进行分析，为项目管理、决策和规划提供依据，推动资源库的功能优化、资源更新和扩大应用。监测平台引导在建资源库的建设方向，同时已验收和申请中央财政支持的资源库项目也被一并纳入监测范围，监测平台定期采集资源库运行日志及素材使用情况等数据，适时发布资源库建设与应用分析报告。2016 年，基本形成健全的资源库管理系统不定期采集、资源库牵头学校和运行平台双方资源审核编校机制，确保资源建设质量。为加强对已验收资源库的管理，建立奖惩的后续管理机制，对资源更新到位、应用效果较好的已验收资源库，由部本专项以分担部分升级改进经费的方式支持后续建设。对资源更新不力、应用情况较差的已验收资源库提出警告，连续 2 次警告仍无有效改进的，终止后续建设，取消国家级资源库资格，牵头学校 5 年内、参与院校 3 年内不得申报新的中央财政、部本专项支持项目。

1.1.4.3　监测力度持续加强阶段

2017—2019 年为资源库的监测管理机制进一步优化阶段，主要解决资源库监测管理机制缺乏规范化和系统化的问题，提出了更加完善的管理机制、持续支持机制、调整报备机制、暂停机制和更新机制。列为备选的资源库项目，下一年度未重新申请参加遴选的，其备选资格自然终止。立项建设的资源库，第一主持单位可对建设和应用不力的参与建设单位提出警告，连续 2 次警告仍无有效改进的，第一主持单位可终止其后续建设任务、取消其参与建设的资格，并向教育部申请将其列入教育行为负面清单。验收不通过的资源库，终止后续建设、取消国家级资源库建设资格、追回部本专项资金，相关建设单位列入教育行为负面清单。教育部对已验收的资源库中资源更新不力或应用情况较差的提出警告，连续 2 次警告仍无有效改进的，终止后续建设，取消国家级资源库资格，相关建设单位列入教育行为负面清单。

1.1.5　项目保障措施逐步完善

为促进资源库的建设与应用推广，教育部从组织保障、知识产权、建设资金等方面提出了各项要求。为规范和加强职业教育专业教学资源库建设资金管理，提高资金使用的规范性、安全性和有效性，助推优质教育资源共享，不断提升专业建设能力，教育部于 2016 年印发《职业教育专业教学资源库建设资金管理办法》（以下简称《办法》）。《办法》践行"简政放权、管放结合、优化服务"的理念，按照"统一规划、分级管理、专款专用、专账核算、注重绩效、问效问责"的原则，突出绩效与预算并行，体现制度的针对性、措施的有效性、管理的规范性。不同发展阶段对资源库建设的保障要求如图 1–2 所示。

组织保障机制逐步健全	知识产权归属逐步清晰	建设资金实施预算绩效
✓ 每个专业由一所国家示范性高等职业院校负责并牵头组建开发团队，成立建设指导小组 ✓ 设置首席顾问，聘请行业协会、企业及高职院校的专家参与	✓ 项目建设与更新无知识产权争议 ✓ 参与建设和更新的单位和个人享有署名权 ✓ 资源库归国家所有	✓ 项目建设经费专款专用 ✓ 主要包括调研论证费、专家咨询费、企业案例费、课程开发费、素材制作费、特殊工具软件费、应用推广费等
✓ 每个专业由一所职业学校负责并牵头组建开发团队，成立建设指导小组 ✓ 设置首席顾问，聘请行业协会、企业及高职院校的专家参与 ✓ 鼓励跨区域组建开发团队 ✓ 选择共享平台，可多平台共享	✓ 资源库属于职务作品，建设单位享有资源著作权，并保证资源内容没有侵犯他人知识产权和其他合法权益 ✓ 参与建设的个人对其原创完成的资源享有署名权 ✓ 资源库验收后，更新建设的资源著作权由建设单位和个人协商确定。建设单位、参建人员、共享（运行）平台应签订知识产权保障协议	✓ 项目主持院校要制定专项资金管理办法，将项目经费纳入院校财务机构统一管理，并设置单独账簿进行核算，确保专款专用，专账管理 ✓ 2016年印发《职业教育专业教学资源库建设资金管理办法》，提出"统一规划、分级管理、专款专用、专账核算、注重绩效、问效问责"的原则，突出绩效与预算并行 ✓ 项目建设资金包括部本专项资金和项目筹措资金两部分 ✓ 资金拨付方式为两年建设，分年度拨付 ✓ 资金使用与管理实行项目第一主持单位负责制。项目筹措资金主要由学校举办方或地方财政投入资金、行业企业支持资金以及相关院校自筹资金组成
✓ 资源库牵头学校负责组建项目团队，成立建设指导小组，集聚行业协会、企业及职业院校的专家参与建设 ✓ 鼓励跨区域组建项目团队，牵头学校要充分发挥统筹协调作用，参与单位要切实承担好建设任务，为资源库相关工作提供必要支持		

图 1-2　不同发展阶段对资源库建设的保障要求

1.1.5.1　组织保障机制逐步健全

资源库项目启动初期，在组织保障方面，提出每个专业由一所国家示范性高等职业院校负责并牵头组建开发团队，成立建设指导小组，设置首席顾问，聘请行业协会、企业及高职院校的专家参与，统筹协调建设工作。

2013年起，每个项目开发团队的牵头单位资格开始放宽，不再局限于国家示范校，同时，对各个参与成员单位提出了要求：鼓励跨区域组建开发团队，团队内的职业院校要求专业实力强、各具特色，团队合作能够优势互补；要选择与资源库专业性质相符的全国性行业和代表行业水平的先进企业，把先进的生产实践资源引入资源库建设，为资源库建设提供实质性支持；构建完善的团队组织、项目管理、开发建设的长效机制，切实发挥好各成员的积极性和作用。2016年，提出与全国性行业和先进企业特别是大企业合作共建资源库，要求相关建设院校要把资源库建设应用工作作为推进学校信息化教学的重要抓手，在教师职称评聘、考核评价等方面建立长效激励机制。

1.1.5.2　知识产权归属逐步清晰

资源库中的各类教学资源属于职务作品，项目启动初期的《高等职业教育专业教学资源库项目申报指南》就明确回答了资源库知识产权方面的相关问题，即项目建设内容无知识产权争议；项目建设成果归国家所有，参与单位和参与人享有署名权；项目验收后的持续更新部分知识产权归参与单位和参与人所有。为进一步明确资源库的知识产权，2014年起，资源库验收后，更新建设的资源著作权不再明文规定，而是由建设单位和个人协商确定，并要求建设单位、参建人员、共享平台签订知识产权保障协议。

1.1.5.3 建设资金实施预算绩效

资源库项目启动初期的《高等职业教育专业教学资源库项目申报指南》规定建设经费要专款专用，同时对于经费开支的范围和比例做了详细要求。从 2013 年开始，关于资源库项目的建设资金分配，教育部采取根据申请项目的专业方向、建设基础、阶段成效、建设方案（含保障措施）等情况，择优认定国家级资源库，给予中央专项资金支持的方式。要求项目建设经费要符合《教育部 财政部关于印发〈国家示范性高等职业院校建设计划管理暂行办法〉的通知》（教高〔2007〕12 号）的有关要求，各个项目主持院校按照新修订的《高等学校财务制度》和《中小学校财务制度》等有关规定，加强项目建设资金财务管理，制定专项资金管理办法，将项目经费纳入院校财务机构统一管理，并设置单独账簿进行核算，确保专款专用、专账管理；同时，对于升级改造项目，须结合升级改造任务，合理制订项目资金预算，持续加强资金使用管理。

项目建设资金包括部本专项资金和项目筹措资金两部分。2016 年，部本专项资金提出以 500 万元作为新立项项目的补助基数（升级改进支持项目的补助基数为新立项的三分之一左右），根据国家扶持政策、建设任务轻重、项目第一主持单位所在地财力情况、预算安排等因素，适当给予倾斜或核减；资金拨付方式调整为"两年建设，分年度拨付"，资金使用与管理实行项目第一主持单位负责制。项目自身筹措资金主要由学校举办方或地方财政投入资金、行业企业支持资金以及相关院校自筹资金组成。2018 年，提出对建设资金实施全面绩效管理，实行绩效年度考核制，加强绩效年度评价结果的应用，绩效评价结果与下一年度预算拨款挂钩。

1.2 资源库实践发展历程

自 2010 年正式启动以来，资源库经历了探索建设、内涵提升、强化应用、服务转型四个发展阶段，如图 1-3 所示，可以将回顾不同阶段的资源库发展轨迹作为规划资源库未来发展路径的重要逻辑起点。

图 1-3　资源库实践发展历程

1.2.1　探索建设阶段

不同于当时已有的教育信息化项目，资源库项目启动初期旨在加强课程教学资源的建设，将重心放在职业教育的专业教学资源建设上，因此，资源库从无到有，如何建、怎么建是这个阶段要解决的重要问题。在资源库试点建设的基础上，2010 年教育部高等教育司发文正式启动首批资源库建设项目，确定数控技术、物流管理等 11 个专业，面向国家示范性高等职业院校组织开展资源库建设；2011 年再次组织遴选，分两批建设园林技术等 17 个资源库；2012 年完成首批立项资源库的验收工作。

经过三年的初步建设，逐步探索形成了立项、建设、验收的资源库建设基础流程；确定了由国家示范高职建设院校牵头、参建院校参与、校企联合的共同建设方式；采取自主开展申报、专家评选推荐、国家择优立项的资源库遴选流程；强调顶层设计、开放管理、网络运营的资源库管理方式；建设包括专业发展、教学设计与实施、教学评价与测试等方面的资源库资源建设内容；制定包含资源建设、应用成效、资金管理等覆盖基本过程的资源库项目验收标准；提出更新完善、持续使用和示范推广的资源库应用要求。

1.2.2　内涵提升阶段

在这一阶段，不断更新资源库的建设理念，拓宽建设领域，规范建设内容，形成科学的资源库建设标准体系。2013 年，在教育部职业教育与成人教育司发布的年度项目建设文件中，将资源库项目主持单位从"示范高职"扩大为"独立设置的职业院校"，将建设范围从"高等职业教育资源库"调整扩大为"职业教育专业教学资源库"，同时强化民族文化传承与应用推广功能，建设方向增加了"民族文化传承与创新"，组织方式从明确支持专业方向后招标建设调整为自主建设自愿申报后择优支持的方式。

2014 年提出"辅教辅学"的概念，更加明确资源库的功能定位，即资源库要服务于教师教育教学以及学生、社会学习者、企业员工等各类学习者自主学习，并提出课程建设可参考大规模在线开放课程（慕课）的建设理念。2015 年资源库功能定位进一步升级为"能学、辅教"。资源库建设思路从专业教学资源的建设、集成、共享、服务明确为 2014 年提出的"碎片化资源、结构化课程、系统化设计"，2015 年对这一思路加以更加明确的阐述，形成了资源库的顶层设计与规划，初步统一了资源库建设的基本建设逻辑。

在明确了资源库的服务对象后，资源库注册用户数逐年增长，如图 1-4 所示。仅 2021 年的注册用户数就达 2020 年的 1.2 倍左右，是 2019 年全年注册用户数的近 5 倍。截至 2021 年 12 月，共有注册用户 1 902 万人，按用户身份类型分，其中教师 83 万余人，学生 1 734 万余人，社会学习者用户 52 万余人。

图 1-4　资源库注册用户年度分布图

1.2.3　强化应用阶段

2016—2018 年是资源库发展的强化应用阶段。在这一阶段，资源库确定三级管理的方式、突出教学应用的导向、完善管理运营的机制，进一步明确校企合作、深化教学改革的发展导向。在组织方式上增加了"省级统筹"要求，强调发挥省级管理作用，调动各省的统筹协调和指导支持的主动性，在项目储备上增加备选项目库方式，从省级资源库中遴选一批纳入第三方监测的优质项目，为遴选更加优质的国家级资源库打好基础。

突出教学应用是这一阶段资源库发展的最大特点，一是在建设思路上调整为"一体化设计、结构化课程、颗粒化资源"，更加强调整体布局与规划，更加强调应用功能的设计，更加强调共享机制的完善；二是在项目管理上更加强化过程管理，从项目在备选阶段就纳入监测，定期发布建设与应用分析报告，为项目建设、推广和管理、决策提供数据支撑；三是在用户管理上更加关注在校师生，要求参建单位相关专业师生采用实名方式注册，申报前就将资源库实际应用于教师的授课与作业布置以及学生的学习、复习、考试等方面；四是在奖惩机制上对建设应用效果好的项目以分担升级改进经费的方式予以鼓励支持，对建设应用效果差的项目给予"警告""取消资格"并纳入负面清单管理的方式予以惩罚，将项目参建单位团结成为利益共同体和责任共同体。

通过突出教学应用的重点建设，资源库年度访问量逐年增加，如图 1-5 所示。2020年日均访问资源人次比 2019 年同期增加近 2.86 倍，其中教师用户访问量 2020 年同比 2019 增长约 345.7%，2020 年学生运用资源库学习频次（学生使用次数）同比2019 年增长 309.3%，2021 年同比 2020 年增长 34.2%。资源库已经成为职业院校教师开展线上教学，学生开展线上学习的主要平台，协助推动了职业教育专业教学改革的步伐。

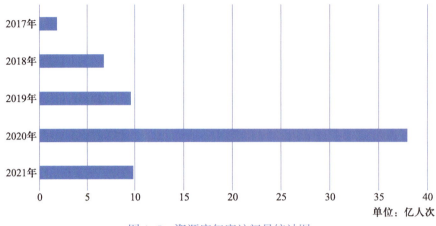

图 1-5　资源库年度访问量统计图

1.2.4　服务转型阶段

2019 年颁布的《国家职业教育改革实施方案》（简称"职教 20 条"）中，对扩大优质资源覆盖面、加强共建共享平台建设、开展资源认证标准和建立资源交易机制四方面提出了要求，要求职业院校健全资源库，要协同 1+X 证书、"学分银行"建设、职业教育相关标准体系完善等工作，持续提升职业教育服务经济社会高质量发展能力。自此，资源库建设进入政府引导、市场参与的服务转型阶段。

将资源库打造成为落实"职教 20 条"的综合载体是此阶段的重要任务，一是深化"三教"改革，加快更新信息技术和平台承载资源，建构交互式的学习支持，整体提升教师教育教学信息化水平，带动学校革新管理方式，带动教师教育理念、教学手段和方法的改革；二是服务职业教育与培训并重，遵循育训结合、书证融通要求，采用长短结合、内外结合方式，积极建设覆盖专业核心课的标准化课程以及各级各类培训资源，将资源库融入专业教学和职业培训全过程；三是支持 1+X 证书制度试点，鼓励参建单位主动申报和承接试点任务，积极开发符合相关标准的培训资源和课程，组织和支持学生和社会学习者通过资源库学习获取 X 证书；四是对接国家学分银行建设，通过个人学习账号登记、存储学历证书、职业资格证书以及职业技能等级证书等各类学习成果，试点探索开展认定、积累、转换有效的学习成果。

2020 年初，一场突如其来的由新型冠状病毒引发的疫情在全国各地迅速蔓延。教育部紧急发文倡导各级学校利用在线教学形式开展线上教学，做到"停课不停教，停课不停学"。教育部职业教育与成人教育司在 2020 年 2 月 11 日发布《关于在疫情防控期间充分利用职业教育专业教学资源库组织好职业院校在线教学活动的通知》后，各高职院校在第一时间发出通知，要求职业院校教师充分利用资源库等平台实施在线教学。资源库运行平台方、运行监测方也积极响应。继智慧职教平台率先发布支持"抗击疫情，停课不停学"倡议后，其他几个主要的资源库平台方也陆续发出倡议书，表达将持续加大技术投入以保障平台稳定，大力支持职业院校利用资源库平台进行教学活动的决心。

在运行平台监测层面，积极快速响应并协助教育部职业教育与成人教育司督促院校方、运行平台方保障共享资源的稳定运行，同时快速建立已建成资源库的在线导航目录，方便全国用户免费使用。

十几年来，资源库持续改进，稳步发展，按照职业教育专业教学组织形式，整体性地开发丰富的线上教学资源。截至 2021 年 12 月 31 日，已有 203 个国家级资源库及近 450 多个省级资源库对社会全面免费开放，依托优质的线上教学资源，坚实地保障了战疫期间，全国高职院校教学的正常开展，参见表 1-1。

表 1-1　疫情防控期间资源库建设使用情况总览

疫情防控期间	总访问量 / 万人次	参建院校 / 所	标准化课程 / 门	素材资源 / 条	教师 / 万人	学生 / 万人	社会学习者 / 万人	企业用户 / 万人
2020.02.01—2020.06.30	455 812	1 160	6 197	393	65	1 270	36	23
2021.01.01—2021.06.30	558 185	1 329	7 093	452	79	1 648	44	26
同比增长率	22.46%	14.57%	14.46%	15.01%	21.54%	29.76%	22.22%	13.04%

在疫情防控期间，资源库使用人次呈现大幅度上升趋势，累计登录用户 600 多万人，累计点击超过 16 亿次。其中，被访问最多的专业教学资源库为护理专业教学资源库，这表明医学类高职院校对促进疫情防控期间全社会的健康知识学习发挥了重要作用。自 2020 年 1 月疫情暴发以来，湖北省全体职教战线教师一边抗击疫情，一边坚持"停课不停学"，在很多职业院校被征用为备用方舱医院时，依然有条不紊地开展线上教学。经统计，来自湖北省的资源库访问总量达到 1.4 亿人次、参与的教师数超过 2.5 万人、参与的学生数达到 65 万人，资源库在确保每一个学生都不掉队、为线上恢复正常教育教学工作秩序方面提供了坚实有力的保障。

第二部分 人才培养，成效卓越

2.1 服务学生成长

资源库是构建灵活开放的终身教育体系、为促进学习型社会建设提供条件和保障的重要学习平台，是以服务学生和课堂教学为主的信息化教学平台。鉴于职业教育的类型特征，职业教育学生的学情和教育目标相较普通教育存在很大差异。就学生学情而言，当前职业教育学生的抽象思维和形象思维整体来说和普通教育的学生有差别，其形象思维往往优于抽象思维，因而更加适合以行动为导向的课程教学模式。就学习目标而言，普通教育以学科知识学习为核心，其学生学习的效果主要体现在对学科知识的复现、演绎和衍生方面，而职业教育则以面向职业的知识学习为核心，其学生学习的效果主要体现在对职业知识的应用和岗位知识的掌握、能够分析和创新性地应用于新的工作情境等方面[①]。因此资源库始终以职业教育自身特点为本色，瞄准国家重点产业、区域支柱产业发展趋势，依托职业院校优质专业、特色专业来建设，在顶层设计上确定以职业教育专业教学改革为目标，按照工作领域技术技能要求构建课程体系，课程内容与企业用人需求和职业标准对接，紧扣企业真实岗位要求，坚持课程开发与职业标准"互嵌共生"。资源库注重引导校企共建各类教育资源，包括面向学生的职业素养培养库、岗位技能标准库、专业资源学习库、创新创业案例库等，开发基于职场环境与工作过程的虚拟仿真实训资源和个性化自主学习系统，有效提升优质课堂示范性和个性课程发展空间。资源库的应用在职业教育学生综合素养培养、提升学生专业学习能力和持续学习能力方面取得了重要突破。

2.1.1 服务学生综合素养提升

资源库建设按照"国家急需、全国一流、面向专业"的要求，遵循"一体化设计、结构化课程、颗粒化资源"的设计原则，服务于提升学生综合素养，尤其在思想政治素

[①] 崔景贵，汪慧慧. 新时代职业院校学生发展评价的积极范式与建构策略 [J]. 教育与职业，2021（13）：63-68.

养、专业素养、创新创业意识培养中发挥重要作用。一是思想政治教育有机融入颗粒化教学资源。信息时代的到来，借助互联网技术变革传统思想政治教育方式方法、手段途径、考核评价等成为改革的方向，依托资源库平台的"课程思政"教学实施路径研究应运而生，成为职业院校"课程思政"的重要平台和依托。在专业教学资源中融入理想信念、社会主义核心价值观、道德修养，实现"知识传授与价值引领相统一"。要求将资源库中的教学资源按照课程思政教学要求融入思想政治教育元素，"盐溶于水"般地渗透进资源库，达到育人育才的教育目标。二是专业素养教育贯穿一体化设计。资源库以服务专业教学为目标，根据专业人才培养方案，按照专业教学要求，基于"一体化设计"形成资源库建设顶层设计。专业素养培养嵌入专业教学资源库中，始终贯穿于资源库资源建设与应用中，成为专业技术技能教育与专业素质培养融合的重要路径。三是创新创业教育资源融入专业教学资源。资源库作为职业教育教学改革的重要抓手，发挥自身信息化特长，积极探索专业教学资源与创新创业教育资源的充分结合。在国家级资源库中，90%以上资源库设置创新创业资源模块。例如，深圳职业技术学院汇聚各类创新创业教育资源，牵头建设创新创业教育资源库，打造"三位一体"的素质教育资源建设应用平台，截至2021年12月，建成在线课程55门、素材21795个、微课1679门，学员35万余人，将资源库打造成为学生综合素养提升的重要学习阵地。

（1）资源库传播"正能量"。

广东轻工职业技术学院主持的高分子材料加工技术专业教学资源库从关注学生成长的角度，结合专业知识拍摄制作新时代大学生易于接受、充满青春气息与正能量的系列专业科普微电影，让学生学习知识的同时拥有正能量之心。微电影《它在》除了让学生知道高分子材料在生活中无处不在的专业知识外，还通过儿子为母亲吹头发、体现亲情孝心的场景，让学生充分感受挚爱亲情；微电影《改变》除了讲授高分子绝缘材料知识外，还通过为孤寡老人过生日的小故事表达对社会独居老人的关爱之心；微电影《筑梦》则讲述了一个热爱舞蹈的高分子材料加工技术专业女生勇敢面对人生的不幸，利用自己所学的专业知识不屈服于厄运并与之抗争，最终筑梦成功的青春励志故事，整个作品洋溢着满满的青春正能量，让学生感受面对人生挫折要勇于抗争的不屈精神。其中，《筑梦》作为优质教学资源的微电影系列在第二届"高校网络宣传思想教育优秀作品"中脱颖而出，获教育部思想政治工作司表彰。

（2）资源库传承国学经典。

济宁职业技术学院、中国孔子研究院和山东城市建设职业学院联合主持的儒家文化与鲁班工匠精神传承与创新资源库围绕立德树人根本任务，构建一体化的"互联网＋文化育人"大平台，为中华优秀传统美德教育提供学术支撑和思想资源。如资源库的核心课程"四书五经导读"，创设"儒学精粹"（儒学绪论、五经导读、四书精读）与"礼乐实践"（儒家教育实践）相统一的课程结构，引导学生在儒家经典学习中体会儒家修身内涵，进而转化为自身实践内涵，实现知行合一。资源库组建由来自清华大学、中山大学等的专家参与的教学团队，打造"有看头"的教学资源；通过多平台混合并用，创设

"有温度"的"线上研习＋线下实训"双线融通的教学模式；设置知识导向的经典研读任务及行为导向的修身实训任务，落实"有成效"的课程思政教育。已有31所职业院校使用该资源库教学资源，资源访问总数超过33万次，学生点击访问次数达128万人次，活跃学习用户总数为60 587人。

（3）专业素养培养贯穿资源库设计。

常州信息职业技术学院主持的软件技术专业教学资源库，针对软件产业细化后对岗位人才能力需求的变化，以培养学生计算机应用能力、规范化的软件编程与开发能力、新技术应用能力、软件企业岗位能力为目标，开展以"单元项目、模拟项目、真实项目、企业项目"为载体的多层次、递进式项目训练的资源开发，在开发专业技术技能教学资源同时，将软件技术从业人员素养教育融合于项目教学资源中。引进多元评价机制，实施过程评价、项目评价，全面培养和科学评价学生的基本技能、专业能力、岗位能力和职业能力，满足了学生全面发展的需求，为学生专业技能的持续发展奠定了基础。

（4）专业安全教育融入资源库应用。

浙江工业职业技术学院和南通职业大学联合主持的新能源汽车技术专业教学资源库在课程中融入安全教育。例如在安全生产意识培养方面，开发"新能源汽车安全用电操作与防护"课程资源，与政府有关部门通力合作，打造集线上理论培训与线下实操考证于一体的安全教育资源，为培养学生的安全意识，提高学生应对突发安全事件的能力提供了标准作业规范。学生可根据线上视频资源进行线下实操演练，学习正确使用新能源汽车拆装防护设备、新能源汽车不同安全事故场景的应急处理方法、人员烧伤电伤的处理方法、人员急救操作方法等技能知识。同时经线上理论考试和线下实操考核后，由安检部门颁发"新能源汽车安全培训合格证"。

（5）创新创业教育教学资源库建设与应用实践。

深圳职业技术学院、浙江工贸职业技术学院和南京工业职业技术大学（原南京工业职业技术学院）联合主持的创新创业教育教学资源库按照"分层分类"的创新创业教育体系设计，构建创新创业普及教育、创新创业知识与技能教育、创新创业实践教育、创新创业与专业融合教育四个不同层级的课程体系，最终形成国际通用的技术技能创业人才培养模式。通过建设双创资讯子库、创业导师子库、众创空间子库、创业案例子库、融资平台子库、项目推介子库、培训子库、竞赛子库、双创成果子库9大特色资源子库，满足教师、学生、社会学习者等不同人群、不同阶段的学习和使用需求。创新创业教育教学资源库涵盖国内外创新创业教育的发展、政策和研究的最新成果，不断强化"能学、辅教"功能，为全国职业院校、行业企业和社会学习者提供最新最全的创新创业学习与咨询服务。

（6）创新创业与专业教育的有机融合。

陕西铁路工程职业技术学院、辽宁省交通高等专科学校联合主持的地下与隧道工程技术专业教学资源库设置创新创业学习模块，着力培养创新创业能力强的复合型隧道工程技术技能人才。以 BIM 职业技能培养为关键，根据专业特长和知识背景互补原则，组建包括专业教师和企业专家的模块化创新创业授课团队，创新采用团队协作的模块化教学模式，实施团队分工协作的模块化教学改革，不断提升学生基于地下与隧道工程技术专业的创新创业意识。以资源库为基础，打破传统局限在课堂的教学壁垒，发挥校企双方教师专业优势，将企业研发的最新技术和碰到的技术难题通过资源库与学生分享，为学生的技术创新打开新的视野。

2.1.2 服务学生专业学习能力培养

学生学习行为的培养不仅受到学习动机、学习环境、学习基础、学习习惯、学习方法等多种因素的影响，同时还受到专业技术教学资源的可达性和有效性影响。资源库作为面向职业教育专业教学的专门平台，其主要服务的是职业院校学生的专业学习，从提升教学资源多样化的水平、提供线上线下结合的教学资源、提供多样化个性化的学习路径三个方面出发，满足职业院校学生对高质量专业教学资源的需求，进而提升学生的学习能力，提高学生学习的主观能动性。一是供给优质教学资源促进学生专业学习。资源库通过积极探索由提供优质资源向提供优质教学服务转变，为职业院校师生提供友好的教学平台。一方面，通过共享代表专业领域全国较高水平的标准化课程，借助国家优质资源库平台在全国职业教育领域发挥引领示范作用。另一方面，通过引导教师利用资源库中大量的颗粒化资源搭建个性化课程，实现课程建设成果和优质教学资源的不断迭代，为专业教学提供典型示范和个性参考。二是为学生提供专业化实训指导。资源库将信息技术手段与职业教育的专业教育有机融合，打造了一批视频类、动画类、虚拟仿真类信息化资源，将抽象微观黑箱的概念可视化。通过信息化手段，有效解决"进不去""看不见""动不了""难再现"等实习实训难题，有力地推动了信息技术在职业教育专业教学和职业培训领域综合应用[1]。截至 2021 年 12 月 31 日，资源库实训教学资源的数量平均占专业核心课程教学资源的 43%。三是为学生打通多元化学习路径。资源库学习平台呈现出三种主要学习形态，即以视频观摩和教学互动为主的基础学习模式、以实场模拟和创作设计为主的深度学习模式、以线上自学和线下共学为主的混合式学习模式[2]。资源库改变了传统的忽略学生个性要求，以供给为主导的教学方式，倡导以学习者自身知识能力掌握水平为基准、以学习需求和多元发展为宗旨的个性化学习方式，辅助职业教育内部逐渐形成传统教育与线上教育深度融合为核心的新教育生态。

（1）优质资源典型示范效果明显。

宁波卫生职业技术学院、金华职业技术学院和全国卫生职业教育教学指导委员会联合建设的康复治疗技术专业教学资源库，积极构建和丰富教学资源服务学生专业学习。

---

① 方灿林，张启明.资源库：高水平专业群的建设基础、要求和表征[J].现代教育管理，2019（08）：71-75.

② 成军，杜丽静.教育信息时代下专业教学资源库学习形态与未来方向[J].中国职业技术教育，2016（29）：16-21.

通过医教协同机制，邀请美国杜肯大学等国外（境外）大学知名康复专家进行授课，定期开设学术沙龙，引进"腰背痛PT（运动治疗）技术培训"等国际康复课程，增强学生专业认知，提升学生专业学习效能，开阔学生国际视野。积极发挥全国卫生职业教育教学指导委员会优势，建设"新知识、新技术、新设备""临床康复案例"等优质行业资源，构建物理治疗、作业治疗等专业方向模块课程，形成适应岗位发展的"平台＋岗位方向＋拓展"的模块化课程体系。学生能及时了解最新行业动态，学习先进康复理念，获取最新康复技术，熟悉岗位特征，激发岗位热情，提前进行职业规划。同时为地方"专科型"康复人才培养做出贡献。截至2021年12月31日，学生用户近24万名，50%的专业核心课程及专业方向课程选课人数超过5 000人，191所相关院校698名专业教师开设1 732门小规模限制性在线课程（SPOC），资源库使用日志总数达13 649万余条，专业学生的满意度达到98.49%，99.51%的资源使用效度排名保持在全国资源库前10%以内。

（2）与时俱进、因学制宜开发教学资源。

永州职业技术学院、襄阳职业技术学院和沧州医学高等专科学校联合主持的医学检验技术专业教学资源库，根据职业院校学生学习习惯和兴趣特点，一是开发以微课、音视频、富媒体、网页课件等非文本类为主的资源，直观地呈现枯燥、难懂的学习内容。例如在"免疫学检验技术"课程中，用一部18集的动画片《人体历险记》，讲授"免疫学基础"的重点、难点内容，将知识融入生活，通过开展趣味学习，有效地提高了学习者的学习兴趣。二是开发普及健康生活、提高全民健康素养的素材资源。例如开发以"加强健康教育，普及健康生活，建设健康环境，提高全民健康素养"为教学目标的拓展资源，将预防接种流程、献血注意事项、血脂检查知多少等微课视频作为冗余教学资源，为初学者提供学习认知服务。

（3）多样化教学资源助力新兴产业人才培养。

浙江工业职业技术学院、南通职业大学联合主持的新能源汽车技术专业资源库通过服务"比亚迪精诚英才"校企合作育人项目，为比亚迪股份有限公司定向培养新能源汽车领域技术技能人才。将新能源汽车技术专业资源库建设和校企合作育人项目有机结合，共同建设"混合动力汽车构造与检修""新能源汽车电工电子技术"和"动力电池管理系统"等核心课程的基础教学资源。教师在校内授课时，使用资源库内视频或动画内容，结合实际业务进行讲解，使枯燥的课堂变得更加生动，抽象的知识点变得更加直观易懂。学生在课余时间也可利用资源库中的内容和仿真资源随时随地学习，使教学形式不只限于原来固定的集中教学形式，大大提升了学生学习积极性。依托该资源库，学校人才培养改革成效显著，项目首批学员全部通过企业三轮综合考察并受聘于比亚迪股份有限公司核心技术岗位。

（4）"东西对接，联盟联考"构建专业人才培养质量提升新机制。

肇庆医学高等专科学校与联盟学校基于临床医学专业教学资源库共同开展联教联考，创新形成以"教学联盟—资源库—协作组—课程联考—评价分析—教学诊改—教学质量提升"为核心的教学与考核机制。自 2018 年首次成功开展由 38 所院校 13 000 名考生参加的"人体解剖学"万人大联考后，按照分步实施原则，每学期增加 1 ~ 2 门课程联考，至今已经开展了 4 个周期、12 次主干课程联考，参加院校达 52 家，参与考试人数达 14 万余人次，实现跨校联考模式对专业主干课程全覆盖。每次联考结束后，参照国家医学考试中心出具的助理执业医师资格考试成绩分析报告，依据联考在平台产生的大数据分析结果，形成成绩分析报告提供给各联考院校，作为该门课程教学诊断与改进的重要参考资料。根据第三方调查显示联盟学校专业人才培养指标明显高于全国同类院校，毕业生执业助理医师通过率连续 4 年高于全国同类院校 20%，与依托资源库的联教联考教学改革之前比较，执业助理医师资格考试通过率平均提高了 12.6%。

（5）虚拟仿真实训资源广泛应用于实训教学。

天津医学高等专科学校主持的护理专业教学资源库，截至 2021 年 12 月 31 日已建设实训教学资源 5 000 余个，其中实践教学视频 3 000 余个、动画 400 余个，虚拟仿真实训教学资源 20 余个。虚拟仿真教学资源在疫情防控期间发挥了引领示范作用，共有近 90 所学校、近 200 名老师使用该资源库中的虚拟仿真资源教学，应用效果显著。

（6）多样化实训教学资源助力环保类技术技能人才培养。

河北工业职业技术大学（原河北工业职业技术学院）主持的环境监测与治理技术专业教学资源库为解决环保类专业实训中"进不去、难再现、耗材高"等问题，以真实的工程案例和岗位场景为基础，建设了大量优质视频资源和动画资源，提高了教学资源的趣味性和吸引力。建设两个虚拟工厂，分别构建内操中控系统和外操系统，实现内外操作的交互功能。采用三维虚拟现实场景设计技术，按照真实工厂设备进行仿真建模，学生可以通过虚拟仿真实训资源学习熟悉工艺流程、设备操作，为进行现场实际操作做好充分准备。资源库用户总量达 40 000 余人，极大地推进了环保专业建设，同时丰富的专业实训教学资源还辐射到学院绿色钢铁生产等特色专业集群的建设，培养了大批"精操作、懂环保"的复合型高素质技术技能人才。

（7）基于资源库的教学过程与生产过程对接。

日照职业技术学院、厦门海洋职业技术学院联合主持的水产养殖技术专业教学资源库，运用虚拟现实等现代信息化技术，在教学中真实再现了从苗种繁育、胚胎发育、幼体发育、病害防控到养成的全周期过程。全面建成的海洋牧场体验馆以微缩实景和活体生态系统等形式，生动展现海洋生态养殖环境，让学生直观地了解海洋牧场日常的繁育、耕作、采收方式等，沉浸式体验健康养殖模式。同时将藻类、贝类、鱼类的育苗和养殖区进行技能互动设计，让学生参与到日常生产中的换水、投饵、水下采捕等过程，切身感受海洋水产生物培育生长过程，体会渔业养殖操作的乐趣。

常州机电职业技术学院主持的工业机器人技术专业教学资源库，创新学习空间，推动人才培养模式改革。学校通过改造升级虚拟演播室、录播教室、智慧教室等教育信息化硬件基础设施，建设约 140 间"激光互动呈现技术 + 一体化多点互动白板 + 共享型教学资源库云平台"的"智慧云课堂"；在工业机器人、模具设计与制造、农业装备应用技术等专业建设仿真实训室，利用 AR/VR 虚拟仿真进行高效实践训练，实现教与学的充分互动交流，重点解决实训教学中"进不去、看不见、动不了、难再现"的难题；借助"远程同步课堂"实现校企互联协同授课，解决企业专业人才和能工巧匠现场授课不便，以及学生无法便捷参与企业生产过程的教学实际问题。拓展"远程同步课堂"应用，实现"3D 建模与 3D 打印"等课程的中西部优质教育资源共享。

（8）分层分类开发资源服务个性化学习。

柳州铁道职业技术学院、天津铁道职业技术学院和湖南高速铁路职业技术学院联合主持的铁道信号自动控制专业教学资源库，有针对性地通过校企共同开发分层次的培训资源包，满足不同学习者的个性化学习需要。在资源库中构建"三层三维"的培训课程新体系，将教学资源进行分类，形成系统化的教学资源层级体系。契合轨道交通产业智能化、高效化的发展，与合作企业共同构建"联盟制和定制式"的职业培训新模式，结合企业和培训学员的多元化需求，对培训课程进行定制式的精准设计与开发，强化分类指导，实现精准培训。资源库汇集联建铁路院校服务高铁"走出去"中相关铁路企业开展本土化人才培养的成功案例与教学资源，开发双语教学及培训资源包，面向东盟轨道交通院校输出专业优质资源，搭建职业教育"服务高铁走出去"新平台。

（9）资源库建设打通多元学习路径。

徐州工业职业技术学院主持的药品生产技术专业教学资源库，已经上线 9 门标准课程、10 余个技能模块、20 余门培训课程，采用多种形式开展线上教学活动，建构基于资源库平台的在线教学模式。截至 2021 年 12 月 31 日，资源库中的 9 门课程中，已有 2 门课程入选江苏省在线开放课程，同时在中国大学 MOOC 上线在线开放课程。每门课程拥有素材 300 多个，在线开放课程已经开课五期，选课总人数超过 15 000 人。已有 20 多个院校使用标准化课程组建适合自己专业的个性化课程，资源库服务面向的课程数量和人数进一步扩大。

（10）资源库为扩招人员提供学习服务。

肇庆医学高等专科学校、漯河医学高等专科学校和湖北三峡职业技术学院联合主持的临床医学专业教学资源库在社会扩招人员培养中发挥重要作用。学校采用"院校主导，教学点和教学医院协同"的教学模式，实施"校院合作"的"2+1"、线上线下混合育人模式，即第 1、2 学年在经学校核实合格的教学点完成理论教学与实验实训，同时在第 1、2 学年期间由学校临床医学院派出专业负责人、骨干教师定期赴各教学点利用资源库进行示范教学，并检查和督导，教师主要采用资源库已经开发的 29 门标准化课程实施课堂教学。资源库参建院校统一组织人体解剖学等 9 门主干课程进行联考，先后服务 13 个扩招教学点 4 000 余名教师在线教学培训。在疫情防控期间将资源库用于高职扩招线上教学，总访问量达到 1.2 亿人次，教学效果良好。

2.1.3 服务学生按需持续学习

坚持学习、终身学习，是一种生活和学习的态度，更是职业教育必须赋予学生的重要生活和学习习惯。资源库通过不断提升学习支持的友好度激发学生的学习兴趣，通过不断优化教学资源的一体化和颗粒化程度提升课程的易学性，不断激发学生内生的学习动力，优化学生学习的主观态度，改善学生学习的客观环境，使职业院校的学生能够通过自觉合理地安排学习计划，全面提升持续学习的能力。一是为学生提供持续学习服务。截至 2021 年 12 月 31 日的统计数据表明，在资源库注册用户中，35% 以上的学生毕业后仍持续使用资源库进行学习。毕业生通过持续使用资源库资源，关注资源库发展，与资源库建设单位和授课教师开展更加深入的交流，从单纯的资源使用者转变为资源建设的建议者和参与者，从而自发成为具有行业企业生产一线经验的资源库建设者。同时，资源库作为职业教育教法改革的重要载体，为职业教育稳定性和持续变革发展做出了巨大的贡献。二是为特殊社会群体提供学习服务。资源库作为职业教育服务社会的重要载体，满足不同用户特别是社会学习者的特殊学习需求，为构建学习型社会贡献力量。不仅建设了特殊教育国家级资源库，同时临床医学、康复治疗技术、学前教育等资源库为社会群体提供多型教学资源，提升职业教育面向特殊人群服务的适应性。通过资源库打通持续学习路径和提高资源供给适应性，为学生的主动学习、终身学习习惯养成提供良好的环境。

（1）资源库建设促进学生职前职后学习贯通。

深圳职业技术学院、南京信息职业技术学院和石家庄邮电职业技术学院联合主持的通信技术专业教学资源库，抓住学校课程和企业认证两个关键点，提供的华为认证标准和华为课程体系的学习，将企业原本仅面向在岗工程师的认证融入学校人才培养方案，构建适合零基础专业背景在校生学习的方案。随着产业技术的发展，华为认证标准不断升级，资源库相关课程同步持续更新，部分优质教学资源更被认证标准体系认可，纳入认证标准的课程体系中，为学生、企业员工和社会学习者等的学习提供更加丰富和优质的教学资源。学生毕业进入工作岗位后，还可继续通过使用资源库，实现职后证书升级和技术技能提升贯通共长。

（2）马来西亚学子"海边"听浪，"云端"听课。

湖南现代物流职业技术学院、南京交通职业技术学院和全国物流职业教育教学指导委员会联合主持的物流信息技术专业教学资源库在 2020 年疫情防控期间，以资源库平台为依托，实施远程网络互动教学，为"一带一路"沿线的马来西亚留学生提供持续教学服务。根据专业特点调用资源库中的优质教学资源，结合学生个性化特点，合理设计网络直播教学、网络互动教学，指导学生自主学习，开展"线上教学＋自主答疑"方式进行课程学习，增强网络教学课堂体验感，保证教学质量和效果，做到教学过程可控、可管、可评和可溯。为提高教学质量，教师通过"留学生直通车"为留学生开展与课程有关的专门辅导，督促马来西亚物流专业留学生每节课准时准点上课。

（3）特殊教育专业教学资源库服务特殊学习群体。

襄阳职业技术学院主持的特殊教育专业教学资源库，截至 2021 年 12 月 31 日，共建设资源素材 28 284 个，专业课程 23 门和个性化课程 363 门。资源库建设单位联合湖北省各特殊教育学校，成功录制《特教老师谈特教》视频专辑共计70期，讨论特殊教育问题和有效的解决方案，充分挖掘优秀教学管理经验，为资源库建设提供了大量教学案例。学习者范围扩展到企业员工、残疾儿童家长、社会志愿者、成年残疾人、社会爱心人士等社会学习者，政府相关人员、手语爱好者、盲文研究者、聋人语言研究者、自闭症医学研究者等支持特殊教育的人群。目前该资源库已经获得湖北、辽宁、山西等教育部门的认可，被列为当地特殊教育师资继续教育培训的重要教学平台。

（4）助产专业（群）资源库服务孕期保健学习。

岳阳职业技术学院、中国妇幼保健协会和江西卫生职业学院联合主持的助产专业（群）教学资源库，设计普政融通资源馆，根据女性生命周期不同阶段的特点和不同人群的健康促进需求，设计"好孕妈妈""科学育儿""快乐成长""男生女生""韵味十足""夕阳风采""系列膳食"和"生命120"系列健康教育科普微课程8门，开发导诊微平台，为女性全周期的健康保健提供助力。截至2021年12月31日，该资源库的社会学习用户已经达到5 572人。其中，"好孕妈妈"课程已经成为部分医院产科推荐给孕妇的科普学习资料。截至2021年12月31日，"男生女生"课程的学习者人数已经达到11 662人；"快乐成长"课程已经成为一些中小学生的健康教育资料，课程访问总数达到50 185人次。

2.2 赋能教师发展

百年大计，教育为本，教育大计，教师为本。资源库建设准确把握"教师队伍是发展职业教育第一资源"的内涵要义，契合职业教育信息化发展要求，将教育信息化中的教师能力发展和教师队伍建设定位为深化职业教育现代化改革和打造职业教育"互联网＋职业教育"一体化平台的基础性工作。资源库建设以先进信息技术为手段，注重教师个体信息化教学能力成长和结构化教学团队建设的深度结合，为中国特色现代职业教育体系的高效构建、新时代职业教育现代化水平和服务能力的全面提升、高素质复合型技术技能人才的规模培养提供了有力的师资队伍保障。

2.2.1 推动教师信息技术应用

资源库的"一体化设计、结构化课程、颗粒化资源"构建逻辑是职业教育信息化内涵特征的直接呈现。随着教育信息化2.0行动计划的正式实施，开展信息化环境下的职业教育教学模式创新研究与实践，利用现代信息技术赋能教育教学与管理，成为实现深化职业教育现代化改革和教学模式创新的关键环节，其中教师信息化教学能力的发展和综合信息化素养的提升能否适应新时代、满足新需求具有基础性作用。资源库建设立足于"三通两平台"建设成果，围绕《教育部关于进一步推进职业教育信息化发展的指导意见》和《教育信息化2.0行动计划》的基本目标和核心计划，以应用促融合、以融合促创新、以创新促发展为指导思想，广泛应用人工智能、大数据、5G等新技术，统筹组合校企合作、工学交替、线上线下、团队共建、以赛促教等组织形式，普遍开展教师信息化教学能力系统培训和互动研修，有效促进教师信息化教学应用能力、融合能力、创新能力和可持续发展能力的全面提升。

（1）主动适应新技术发展，强化信息化应用能力培训。

黑龙江护理高等专科学校护理系教学团队承担了护理专业教学资源库中的"老年护理基础""外科护理""急重症护理"和"内科护理"等课程教学资源的建设任务。为充分发挥教师主体能动性，学校十分重视对教师信息化应用能力的培养，2017 年上半年两次聘请北京大学的全国知名教授赵国栋来校进行微课、翻课、MOOC、SPOC 和快课制作技术的培训讲座，并定期开展教师课件制作大赛，全面提高教师信息化应用能力。以技术能力提升作为支撑，依托资源库参建基础，全校先后完成全国卫生慕课联盟"疾病学基础""口腔内科学"2 门课程，出版数字化教材，全面提升信息化教学资源建设与应用水平。

（2）全面打造网络教学范式，提升教师信息化综合素养。

广州卫生职业技术学院在参建护理专业教学资源库的过程中，通过开展教师参与在线专家引领学习、线上专题培训和骨干教师在线教学示范活动，及时指导教师优化网络教学设计，有效提升教师信息化教学能力，全面助力教师线上教学工作。截至 2021 年 12 月 31 日，资源库课程平台注册师生达 12 万人，累计学习人次达 16 万人次，日平均参与在线教学活动师生近 2 500 名。资源库为学院在疫情期间准确厘清网络教学总体要求，深入分析教师网络教学需求及面临问题，全面制订和落实在线教学工作实施方案及各类网络教学实践指南提供了坚实基础，顺利保障了学校在疫情防控期间"停课不停教、停课不停学"网络教学工作的有序推进。

（3）充分发挥竞赛引领作用，内化教学融合创新能力。

天津医学高等专科学校主持的护理专业教学资源库，充分发挥了虚拟仿真教学资源在教师信息化教学能力提升方面的示范引领作用，联合共建共享"新冠肺炎防控知识虚拟仿真系统体外膜氧合器拭子标本采集方法""体外膜肺氧合技术的护理""人体呼吸调节机制""压力型定量吸入器的使用"等呼吸系统疾病病人的护理系列虚拟仿真教学资源。截至 2021 年 12 月 31 日，共有近 90 所学校、200 多名老师使用了该虚拟仿真资源，推广效果显著。同时，该虚拟仿真教学资源还助力学校参加 2020 年全国职业院校技能大赛教学能力比赛，并通过层层选拔脱颖而出，荣获全国教学能力比赛一等奖。

西安航空职业技术学院、长沙航空职业技术学院和武汉职业技术学院联合主持的空中乘务专业教学资源库组建了线上教学的教师团队和学习辅导技术团队，开发的教学资源已服务国内外 90 余所高职院校中相关专业的 70 000 余名师生。在标准化课程的基础上，来自全国各地职业院校的空中乘务专业任课教师通过该资源库已搭建个性化课程 800 余门，这些个性化课程不仅适应了不同院校自身的信息化教学需要，也为疫情防控期间空中乘务专业"停课不停教、停课不停学"贡献力量。

2.2.2 促进双师教师团队构建

资源库建设时刻聚焦职业教育类型特色，将《中共中央 国务院关于全面深化新时代教师队伍建设改革的意见》《国家职业教育改革实施方案》强调提出的双师型教师队伍建设作为核心任务予以重点落实。资源库建设充分发挥自身的统筹、管理、组织、共享优势，坚持深化产教融合和校企合作，同步实施发挥高端人才领军作用、举办教师执教能力专业培训、畅通校企人才双向流动、优化专兼职教师队伍结构等多项举措，为职业院校高效孵化、培育同时具备理论教学和实践教学能力的双师型教师队伍提供稳固支撑。

（1）宏观统筹资源配置，优化引育并举机制。

海南省教育厅围绕深化教学改革和"互联网＋职业教育"发展需求，探索课程建设、教材编写、资源开发、信息技术应用一体化统筹推进，大力推进资源库建设，重点落实职业教育人才保障。2020年投入213万元用于高职院校教师培训，举办专题培训活动10场，培训人数达786人。全省高职院校认真贯彻落实"百万人才进海南"行动计划，大力实施"千人专项"引进人才计划，探索创新"候鸟型""银发精英"人才引进和使用机制，持续优化教师队伍结构。坚持"引育并举"，不断构建、壮大教育系统引进人才"强磁场"，建好育才"蓄能站"，发挥"南海系列"育才品牌效应。

（2）引进行业高层次人才，发挥领军人物带头作用。

上海交通职业技术学院与上海申通地铁股份有限公司共建车辆大师工作室，参建由北京交通运输职业学院主持的城市轨道交通专业教学资源库建设，建成国家级精品课程"城市轨道交通车辆电气检修"，建成市级精品课程"城市轨道交通车辆机械检修"，开发完成系列实训指导书。工作室立足于最基本的课堂教学、实践教学，将有经验的企业大师请到学校来，与专业教师定期联合开展教研，共同探索校企合作贯通人才培养模式，通过师徒带教形式，提升专业教师的技能水平。

宜宾职业技术学院参建的中华酿酒传承与创新专业教学资源库，截至2021年12月31日，已被7个本科院校、29个高职院校使用。在酿酒技术专业教学资源建设中聘请赵东、刘友金2位白酒行业领军人才组建教学团队。建成赵东白酒酿造技能大师工作室、白酒酿造虚拟仿真实训中心、白酒酿造生产性实训基地、中华酿酒传承与创新专业教学资源库4个平台。主持和参与制订白酒酿造行业标准16个，完善白酒酿造产业技术标准体系。通过领军专家的引入，借助资源库，将白酒行业标准、技能大赛标准、1+X技能等级证书标准、国家职业资格标准等对接融入形成全国浓香型白酒酿造技术专业教学标准体系，开发相应的教学资源。

宁夏职业技术学院在参建由天津现代职业技术学院主持的生物技术及应用专业教学资源库升级改造项目时，在总结前期建设成果和经验的基础上，深化产教融合，通过与企业专家研讨、合作开发检测实训项目、共享实验室分析检测仪器设备、聘请企业专家到学校为本专业学生开展检测实训培训讲座等多种形式，实现与企业的深度合作与交流互动。例如，邀请宁夏农林科学院农产品质量标准研究所多年从事一线农残检测工作的刘霞专家，为食品生物技术专业的学生开展气相色谱仪的使用技术和气相色谱法进行有机磷的分析与检测方法实训。邀请宁夏食品检测研究院高级工程师杨建兴到校开展题为"食品安全检测技术应用"的专题讲座。结合课程实验实训，完成葡萄酒、氨基酸、酶制剂、有机酸、维生素、酱油、醋等产品的分析与检测实训项目的教学资源开发。

（3）深化校企人才协作，优化双师教师队伍结构。

娄底职业技术学院在参建由九江职业技术学院、陕西国防工业职业技术学院和常州机电职业技术学院联合主持的机械产品检测检验技术专业教学资源库时，以现代学徒制为抓手，聚焦教师结构与素质、教学内容与教材、教学方法与手段等存在的瓶颈，以问题为导向，依托资源库开展教师、教材、教法改革。学院与佳和农牧股份有限公司、郴州正大农牧食品有限公司等企业签订合作协议，重点打造实施企业导师＋学校导师的育人制度，明确校企双主体育人责任与学徒权益，完善校企互聘共用共管机制，打造出一支德技双馨、互聘共用的一流双导师团队，服务资源库中优质资源的建设和应用。

2.2.3 协同创建教学创新团队

为更好地落实《国家职业教育改革实施方案》中提出的"探索组建高水平、结构化教师教学创新团队，教师分工协作进行模块化教学"要求，资源库建设以专业教学改革为基础，以教育信息化进程为主线，通过严格规范教师创新团队结构布局和发展规划，科学设计教师创新团队管理制度和运行机制，协助组建多个国家级职业教育教师教学创新团队，充分发挥示范团队的协作共享和对口帮扶作用。资源库的教师创新团队建设成果全面覆盖教学理念创新、师资队伍建设、教学模式探索、教学资源打造、教学能力提升等多个领域，促进了教师团队及成员教学能力、教研能力、实践能力、创新能力、合作能力、管理能力的全方位提升。

（1）明确现代职业教育内涵要求，积极打造国家级创新团队。

湖南铁道职业技术学院应用电子技术专业教学团队与中国中车公司、INTEL（英特尔公司）等国内外领先企业深度合作，积极开展专业建设与人才培养的改革，建成"最具推荐价值资源库"的应用电子技术专业国家级专业教学资源库。该团队获国家级教学成果二等奖2项、三等奖1项，立项省级以上教育教学改革与研究项目28项，指导学生获得省级以上竞赛奖励51项。2019年，该团队立项为首批国家级职业教育教师教学创新团队。

长沙航空职业技术学院联合主持的飞行器维修技术专业教学资源库建设，重点发挥资源库"能学、辅教"功能，强化应用功能和共享机制，以双师素质培养为重点，推进课程教学团队建设。学院按照课程模块化建设要求，打造结构化教师教学团队，构建初、中、高三级"双师素质"教师培养认定考核体系。近年来，共选派专任教师到航空企业顶岗培训400余人次，选派教师赴德国、美国、加拿大等国家进修培训200余人次。推行"1课3师""3师1课"制度，立项建设120个结构化课程教学团队。2019

年，飞行器维修技术专业教学团队立项为首批国家职业教育教学创新团队。

浙江建设职业技术学院构建了包括校本专业资源库平台、校外优秀资源库平台、泛在化自主学习平台、校本核心课程资源平台的共享型专业教学资源云平台，服务学生自主学习和教师教学创新。建成教学资源综合制作中心，实现资源管理、发布、存储、教学互动、教学评价、自主学习、移动学习、资源共享等功能集成。学院相关专业充分利用资源库平台，构建课前课中课后全程资源库利用教学模式，提高了线上教学效率。建筑信息模型专业国家级教师教学创新团队利用校级资源库，共享 BIM（建筑信息模型）建模教学微课资源、课程标准和教学案例等，涵盖 BIM 建模相关课程教学的绝大部分内容，实现教学内容的标准化和教学的规范化。

（2）运行协作交流机制，强化创新团队建设成果示范效应。

广西职业技术学院作为联合主持单位，开展冷链物流技术与管理专业教学资源库建设工作。该校物流管理教学团队通过资源库建设的项目引领和任务驱动作用，立足"三教"改革，以全面促进团队教学创新素养为核心，培育教师教学创新团队，构建教师共生发展的新格局。经过为期一年的建设，团队整体能力有效提升，成果斐然：团队教师获"自治区级教学名师"称号 1 人，获"全国物流职业教育教学名师"称号 1 人；教师创新团队获得自治区级教学成果奖 2 项、全国物流行指委教学成果奖 3 项，主持教育部课题 2 项，出版《物流汉语》双语教材 1 本。教师创新团队在自身长足发展的同时，受教育部和全国物流教指委的委托对口援建西藏职业技术学院物流管理专业，积极协助西藏职院物流管理专业推进物流管理专业 1+X 证书试点、教师教学能力大赛等工作，有效提升了教师教育教学水平和实践操作能力，实现了西藏职业技术学院物流管理专业双师资格零的突破。

浙江旅游职业学院联合太原旅游职业学院、云南旅游职业学院共同主持的智慧景区开发与管理专业教学资源库，依托高等教育出版社、中国旅游协会旅游教育分会、全国旅游职业教育教学指导委员会等平台，构建了良好的教师教学沟通交流机制，很好地促进了旅游类专业教师的提升发展。在智慧景区开发与管理专业教学资源库的共建单位中，浙江旅游职业学院、江西旅游商贸职业学院和苏州旅游与财经高等专科学校的三个专业教师教学创新团队被列为教育部第二批国家级教师教学创新团队建设单位，均深度参与了资源库的建设、应用与推广。其中，浙江旅游职业学院智慧景区开发与管理专业教师教学创新团队还依托资源库共建共享联盟，于 2021 年 10 月在云南昆明牵头成立了中国智慧景区开发与管理专业发展共同体，并成为第二批国家级教师教学创新团队文体旅游（二）的主课题牵头单位，带领协作共同体的共同发展。

2.3　推进教学改革

教学改革一直是职业教育发展的核心内容，教学改革指的是面向职业教育自身特点，为了提高教育教学质量而进行的教学内容、教学方法、教学组织和教学管理等方面的改革。资源库为教学改革提供了基础和平台，应用资源库驱动教育教学变革，在日常教与学活动应用过程中改造与提升教学方法和管理模式，并不断提出和实现新的应用。同时，围绕职业教育的核心要义，形成适应面向信息化的专业教学新形态、新组织方式和创新管理模式，从而实现资源库的可持续发展[①]。

2.3.1 推动人才培养方案改革

资源库本身既要推动职业教育信息化建设，更要适应信息技术的发展。要以新的信息化技术来建设和展示教学资源，同时也要通过提升专业教学来提升体验[②]。资源库的建设帮助职业院校转变专业教学局限于课堂的固有思维，将在线学习与课堂学习，正式学习与非正式学习相结合，从固定的教学时空转向时时、处处和人人[③]。相比于传统的教学资源形式，通过信息技术的赋能，资源库可以更好地协助职业教育专业人才培养方案的改革。

依托资源库，明确由专业教师组成的教学团队主导完成专业人才培养目标的设计与实施、优质教学资源设计与共享、应用信息化改进课程设计和教学等工作。建立以学生为中心的教学主体，倡导多样化的体验式学习，按照"便捷、成效、促用"的目标构建学习资源与平台。将信息技术融入教育教学全过程，聚焦信息技术与教育教学的融合应用，尤其是课堂教学的合理应用，建立适应学习者个性化和定制化的教学方式，为其提供高质量的学习体验[④]。

（1）优化课程教学体系。

抚州职业技术学院专业课程体系从遵循学生认知规律和职业成长规律出发，依托国家级专业教学资源库，采用"平台 + 模块"的方式，突出理论及技术应用性的"专业基础平台课程""专业核心平台课程"和"专业方向课程"，实现迭代递进的技术应用能力培养；突出技术应用与创新性的"专业实践与创新"实践环节，全程展开"一技之长"的培养。实施"教、学、训、做、评"一体化的课程教学，实现课堂理论教学与实践技能培养融合，教学过程与工作过程相结合、理论教学与实践教学相结合、基础知识与实用技能相结合。以国家级专业教学资源库建设、国家级精品资源共享课程和职业院校信息化教学大赛为载体，不断加强专业课程教学资源建设，提高教师团队的教学设计能力和课程的信息化水平。

浙江金融职业学院互联网金融专业依托互联网金融专业教学资源库课程，实践基于UGC 理念的线上教学改革。UGC 全称 User Generated Content，即用户生成内容。课前，教师根据课程定位、教学目标、实际学情，结合行业发展，实时增加课程思政内容，精

① 张启明.建好专业教学资源库须做好"三结合"[N].中国教育报，2017-09-05.
② 林宇.职业教育资源库的发展与思考[J].中国职业技术教育，2018（23）：5-7.
③ 郭庆志，王博，张磊，等.国家级职业教育专业教学资源库建设与应用分析报告2016 [M].北京：中央广播电视大学出版社，2017.
④ 张启明.建好专业教学资源库须做好"三结合"[N].中国教育报，2017-09-05.

心准备教学素材，巧妙设计教学过程。课中，教师结合课程目标、授课时长，授课过程设计以确定主题、引入情境、搭建框架、介绍方法、过程支持、反馈结果为主的教学活动环节，围绕教学主题，准备多样化的相关情境背景资料，促进学生进入情境，促发学习主动性。课后，教师通过将学习目标设置成作业并在课后认真考核及时反馈，形成教—学—评良性循环。通过教学改革，转"讲授"为"共建"，化"管理"为"引导"，解决利用在线教学资源远程教学中学生参与"主动性、积极性、持续性"不强的问题。

（2）打造人才培养新范式。

常州信息职业技术学院主持建设的软件技术专业教学资源库，经过十多年的探索与实践，首创"项目主导、多元协同、资源开放"的软件技术专业人才培养新理念，通过搭建多元协作、产教融合平台，开发汇聚专业教学资源，借助资源库免费开放教学资源、开放教学过程、开放评价活动，探索与实践专业教学资源的共建共享机制和应用推广机制，建立专业质量保证体系和人才培养质量自我诊改机制等举措，构建"职业情境，项目育人"人才培养新模式，打造"产教融合，协同育人"人才培养新生态，形成"资源汇聚，开放育人"人才培养新范式。

成都农业科技职业学院开展"产教融合、四方联动、工学结合、模块教学"人才培养模式实践。充分利用资源库、慕课等线上资源，拓展教学内容，打破教学时空限制，实现线上线下、校内校外、课内课外教学互通。多方全程协作，实行灵活有效的教学管理模式，实现管理精细化；实行校内指导教师和行业、企业导师协作互补，实现教学"双导师"。扩招学生课程教学结合高职教育共性要求和学生个性化需求，合理安排校内外教学时间，采用工学结合教学模式；深化课程改革，探索学习成果转换。

（3）融入 1+X 证书培训。

宁夏财经职业技术学院依托专业教学资源库及精品在线开放课程，积极对接国家1+X 证书制度试点工作，结合教育部文件精神以及专业目录、专业教学标准的修订，将1+X 证书培训内容有机融入专业人才培养方案中，完善教学组织与实施，调整教学方式方法，推进 1+X 证书制度建设。建设 1+X 证书培训资源包以及在线开放课程；按照1+X 职业技能等级证书考核站点建设标准在校内设立考核站点，依托 1+X 职业技能等级证书科学设计职业技能竞赛项目；向学生传达 1+X 证书制度试点文件精神，鼓励学生在获得学历证书的同时，积极取得多种职业技能等级证书，拓展学生的就业与创业本领，增加学生就业竞争力。

武汉职业技术学院遵循"一体化设计、结构化课程、颗粒化资源"的建构逻辑，对资源库的定位、功能、模块、内容、素材、交互方式、学习成果应用等进行一体化设计，汇集优质教学资源，重点建设"结构化课程"。截至 2021 年 12 月 31 日，建设国家职业教育空中乘务专业教学资源库 1 个、校级专业资源库 5 个，开发线上课程 100 多门，制作各类资源 6 万多个。借助校慕课平台、职教云等教学平台进行线上互动，以投票、讨论、头脑风暴、在线测试等多种形式对学生学习行为过程数据进行教学分析和诊断，实现教学过程的线上线下结合，师生实时互动。将资源库建设与 1+X 证书结合，系统设计"互联网 + 培训"的平台资源体系，对武汉商贸职业学院、武汉市旅游学校等院校开展专业培训，共享资源库课程建设成果和经验。

2.3.2　促进混合教学模式探索

《教育部关于加强网络学习空间建设与应用的指导意见》（教技〔2018〕16 号）提出发挥空间主渠道作用，优化教育资源配置，实施项目式教学、探究式教学、混合式教学等新模式，教师创新应用、实现教学应用常态化，学生主动应用、实现学习应用常态化的新要求[①]。为实现"以质量提升为核心"的内涵式发展战略目标，高职院校积极依托资源库探索教学理念和模式、教学方式和手段，为高职教师实施在线教学、混合教学等提供强大的资源支持和平台支撑。

（1）支持"直播平台 +"混合教学模式。

肇庆医学高等专科学校在新冠疫情防控期间，依托主持的国家级临床医学和省级中医学资源库，通过采用五维深度融合（教学管理与信息技术、互动直播与在线课程、多方应用平台、教学数据与教学评价、云计算与教学大数据融合）的教学策略，整合自主开发的随身课堂云平台，结合直播平台，全校统一实施"大数据支持下资源库 + 随身课堂 + 直播平台"的混合式教学模式，引领师生把爱国情、强国志、报国行自觉融入人生理想之中。开展 10 多场全国临床医学专业教学联盟内万人名师直播课，参与直播课的师生达 37 000 多人。做到与线下教学的课程标准一样、教学进度一样、教学质控一样，保障学校整体教学质量不降，推进信息化技术与传统教学深度融合。

江苏航空职业技术学院建设校级网络教学资源库平台，将学生课堂反映好、教师认可度高的课件、讲义和教学视频等，均上传至校级网络教学资源库平台共享。通过平台开展线上线下混合式教学改革，基于移动教学等创新型信息化教学模式，采用预习、讨论、巩固等教学方法，对教学各环节进行信息化设计和改造，按照课前学生线上自学、课中带着问题向老师提问互动、课后老师在线上答疑，弥补和巩固学生在课堂上尚未完全掌握的知识点，实现线上线下有机融合的目标。通过教师"线上线下"混合式教学资源的积累，截至 2021 年 12 月 31 日，完成超过 50 门课程的校级网络教学资源库建设，2020 年学生参加江苏省计算机一级考试，合格率达 96.7%。

（2）支持"SPOC+"混合教学模式。

石家庄邮电职业技术学院参建由淄博职业学院、国家邮政局职业技能鉴定指导中心、中国快递协会三家单位联合主持的快递运营管理专业教学资源库时，从两个方面的理念建设"快递专业营销"课程资源：一是按照循序渐进，由浅入深的原则，将碎片化资源库组织成 SPOC 课程，在此基础上建设线上开放课程。二是资源制作注重实用性、互动性的原则，考虑营销类课程以培养学员实际运用能力为主要目的，通过带有故事情

①　教育部. 教育部关于加强网络学习空间建设与应用的指导意见 [EB/OL]. 2019-01-16. www.moe.gov.cn/srcsite/A16/s3342/201901/t20190124_367996.html.

节的动画短片增强学员的学习兴趣。结合课程目前采用的线上＋线下混合式课堂教学，应用成果导向方法对课程知识点进行有效梳理，快递营销与策划课程遵循逆向设计和正向实施，构成以"定义预期学习产出—实现预期学习产出—评估学习产出"为主线的教育质量持续改进的闭环。

（3）支持"MOOC+"混合教学模式。

广东农工商职业技术学院、广东松山职业技术学院、广州市金马国际旅行社有限公司联合主持旅游英语专业教学资源库，广东农工商职业技术学院"国际货运代理"课程教学团队不断丰富线上课程教学资源，积极开展"一体两翼＋双翼联动"的混合式教学实践。其中，一体是指依托职业教育专业教学资源库，两翼分别是指利用互联网平台中的"慕课"与"云课堂"。通过"慕课"与"云课堂"之间"双翼联动"，探索"慕课"和"云课堂"等异构互联网平台之间的资源共享、优势互补、互为促进的混合式教学新模式。通过"一体两翼＋双翼联动"的混合式教学实践，培养了学生良好的自主学习习惯，提高了教师的信息化素养，促进了教学信息化发展，增强了专业人才培养的质量和效率。

2.3.3　打造信息化新形态教材

作为教学内容的关键载体、教学活动的基本媒介、教学评价的主要依据，高水平教材是课程教学的重要支撑条件。所谓新形态教材，是在内容上贯彻专业教学标准并及时反映产业技术革新，在形式上适应新的教学方式方法和学生新的学习特点，在技术应用上强调媒体融合和在线服务，以充分发挥纸媒和数媒、线上和线下综合优势的教材。新形态教材依托纸质载体，通过技术手段（例如二维码、AR 等）将资源库中海量数字化教学资源和拓展学习资料展示出来，对助推信息化时代教育教学的发展具有积极作用。例如，在形式上倡导开发新型活页式、工作手册式新形态教材[1]，在技术上利用二维码或图文识别技术，建立纸媒内容和数媒内容的深度关联，实现纸媒和数媒间无缝自如的学习切换。

（1）打造立体化新形态教材。

常州信息职业技术学院主持的软件技术专业教学资源库在建设期间开发了资源库配套新形态一体化教材 20 部。将教材内容与资源库有效整合，打造立体化、自主学习式的新形态一体化教材。在教材上附加二维码，将微课、动画等资源镶嵌在纸质教材上，通过扫码即可学习、观看，实现了教材与资源库的有机结合。"一书、一课、一空间"的服务模式有效拓展了教学支持服务维度。教材覆盖全国 31 个省、自治区和直辖市。教材中有 13 种入选"十二五"职业教育国家规划教材，14 种入选"十三五"职业教育国家规划教材。在 2021 年首届全国教材建设奖评选中，《计算机应用基础任务化教程（Windows 7+Office 2010）（第 3 版）》被评为职业教育与继续教育类一等奖，《SQL Server

---

[1]　教育部关于印发《中小学教材管理办法》《职业院校教材管理办法》和《普通高等学校教材管理办法》的通知。

2014 数据库及应用（第 5 版）》《JSP 程序设计案例教程（第 2 版）》被评为职业教育与继续教育类二等奖。

（2）打造"校企双元"新形态教材。

常州机电职业技术学院联合浙江机电职业技术学院等 21 家国内院校和上海 ABB 工程有限公司、欧姆龙自动化（中国）有限公司等 16 家核心企业，以"校企双元"合作模式开展工业机器人技术专业教学资源库建设及配套新形态教材的建设。校企双方从工业机器人应用相关核心岗位出发，根据典型技术构建专业课程教材体系，选取 10 种专业核心课程、4 种拓展课程进行教材建设。教材以"数字课程 + 纸质教材"的方式，借助资源库从建设内容、共享平台等多方面实施的系统化设计，将教材的运用融入整个教学过程。书中配备大量数字化教学资源，分门别类地标记在书中相应知识技能点处的侧边栏内，大量微课、实训录像等借助二维码实现随扫随学，并辅以要点提示、笔记栏等。建设的教材有 8 种入选"十三五"职业教育国家规划教材，1 种获评首届全国优秀教材。截至 2021 年 12 月 31 日，8 本教材累计发行 10 万余册，广泛使用于全国各地百余所职业院校。教材的出版发行深化了工业机器人技术专业教学资源库的应用，助力一线教师开展信息化教学。

（3）打造学习情境式新形态教材。

山西省财政税务专科学校、山东商业职业技术学院联合主持的会计专业教学资源库，整体出版了配套的新形态一体化系列教材 20 种（其中主教材 15 种，非独立实训 5 种）。教材采用学习情境式开发模式，突出职业性和实践性，职教特色鲜明，立足高职"教学作"一体化教学特色，遵循工作过程系统化课程开发理论，采用学习情境式教学单元，融合岗位任务完成所需的"职业环境、岗位要求、必备知识、典型人物、职业判断与业务操作"，立体化描述了完成一项典型工作任务的工作过程和工作情境，再现大量真实的会计职业的票、账、证、表，并将助理会计师资格考试、初级会计师资格考试等主要内容全面融入课程体系之中。2014 年，教材整体入选"十二五"职业教育国家规划教材；2020 年，10 本教材（含非独立实训）入选"十三五"职业教育国家规划教材；2021 年，7 本教材获得首届全国优秀教材建设奖荣誉称号。截至 2021 年 12 月 31 日，共累计发行 190 余万册，得到使用院校师生的广泛认可。

（4）打造"岗—课—证"新形态教材。

重庆医药高等专科学校主持的药学专业教学资源库，由校企双元合作开发新形态教材，选定 26 本教材选题，其中专业基础课程 8 本、专业核心课程 11 本和专业拓展课程 7 本。教材采用"岗—课—证"一体化编写模式，涵盖课程基础理论，对接岗位工作任务，对接执业药师资格证考试，帮助学生提升知识能力、岗位能力和就业竞争力。教材与资源库标准化课程配套，资源库里的微课、动画、案例解析、思维导图、习题等在线资源，通过扫描纸质教材上的二维码，学生可以随时随地学习，极大地提升了学生自主学习的兴趣。教师选用资源库配套教材，利用智慧职教账户登录职教云平台，可一键调用资源库课程，方便开展线上线下混合式教学。新形态教材 + 智慧职教平台真正做到了资源库能学辅教的建设目标，有效助力了高职院校的"三教"改革。截至 2021 年 12 月 31 日，《药理学》和《有机化学》两本教材入选了"十三五"职业教育国家规划教材，累计发行超过 8 万册，被北京、江苏、上海等省份的近百所院校选用。

（5）打造活页式、工作手册式新形态教材。

黄河水利职业技术学院利用水利水电建筑工程专业教学资源库的优质资源，开发《水利工程制图》《水力分析与计算》等 4 部新形态立体化教材。在后期新形态教材开发中，黄河水利职业技术学院与水利部黄河水利委员会、中国电力建设集团有限公司等单位组成教材研发委员会，以典型工作过程为导向，服务水利行业、黄河流域生态保护和高质量发展，校企合作开发融入先进技术、黄河文化、工匠精神和国际化内容的系列教材。其中包括，开发纳入新技术、新材料、新工艺、新规范的《水利工程施工技术》等活页式教材，开发融入科研成果及技术创新典型案例的《水闸设计与施工》等"工作手册式"实训教材，开发融入"创新创业、课程思政"内容的《水生态修复工程技术》等立体化教材，开发具有黄河水利特色的《黄河工程》等系列教材，开发与技能证书对接的"活页式"国家级规划教材；面向"一带一路"沿线国家，开发体现国际标准的技能型国际化教材《钢筋工》，并建设与新型教材配套的资源体系，对原有水利水电建筑工程专业教学资源库持续进行更新升级[①]。

2.4 服务社会培训

随着新技术、新业态、新模式、新职业的不断涌现，多样化、多元化的培训需求亟须丰富数字资源支撑。资源库及时回应时代需求，面向企业员工、职校教师、社会学习爱好者等群体，针对行业企业技术技能人才培训需求和区域经济社会发展需要，开发海量职业培训资源和科普资源，灵活搭建形式新颖、类型丰富、通俗易懂的培训课程，为职业院校开展高质量职业培训，与社会开展教育服务提供了优质数字资源和便捷的学习平台。截至 2021 年 12 月 31 日，职业教育专业教学资源库企业用户达 250 630 人，退役军人用户达 79 695 人，下岗职工用户达 2 790 人，新型职业农民用户达 9 697 人（含农民工用户 130 人），社会学习者用户达 457 811 人。依托资源库开展"线上""线上 + 线下"培训方式，为学习者节省了时间，为企业降低了成本，备受社会欢迎。

2.4.1 面向行业企业开展职业培训

（1）依托资源库服务行业培训。

重庆工业职业技术学院、四川交通职业技术学院和烟台汽车工程职业学院联合主持的汽车车身维修技术专业教学资源库引进德国新能源汽车职业资格标准，和德国陆科思

---

① 焦爱萍，闫国新. 基于专业教学资源库的"三教"改革探索与实践 [J]. 黄河水利职业技术学院学报，2020，32（02）：55-59.

德教育集团共建中德新能源汽车培训与认证中心，结合中国新能源汽车市场及技术进行了本地化改造，面向职教师资开展新能源汽车国际标准培训和认证工作，面向社会人员开展新能源汽车行业准入资格培训，通过考核认证的人员获得了德国、英国等国际认可的 L1、L2、L3 级新能源汽车行业证书，培养了大量的行业紧缺人才。

秦皇岛职业技术学院牵头的导游专业教学资源库针对旅游行业导游人才需求，开发导游职业资格取证培训课程、导游员等级考试培训课程。导游职业资格考试培训资源主要以导游职业资格证考试为主，建设职业标准、职业动态、考试指南、试题库、考试论坛等内容，通过在线考试系统构建虚拟考试环境，让学习者进行实战练习，提高学习效率；导游等级考试培训包括中级导游培训和高级导游考试培训，学习资源形式有知识点讲解微课、视频、教学课件、知识点归纳文档和图表以及试题库，帮助学习者掌握中级和高级导游考试的内容。2018—2020 年，联建院校为全国导游资格考试的考生、新取得导游执业证书的导游员、已取得导游证的人员和其他旅游从业人员，以及冬奥会服务人员等提供了培训 30 000 多人次，旅游企业利用导游专业教学资源库开展员工培训千余人次。

陕西工业职业技术学院主持的材料成型与控制技术专业教学资源库对接装备制造产业智能制造、绿色制造转型升级带来的员工培训需要和退伍军人、失地农民的再就业需求，开发铸造行业安全生产教育、职业技能鉴定、"3D 打印技术"等新技术新工艺相关培训资源。依托资源库，先后为机械工业职业技能鉴定考评员培训等培训认证班以及雄邦压铸、北人印机等 30 余家企业开展铸造工、压力铸造设备操作、铸造安全生产等培训课程 30 余期 3 000 余人次。完成赞比亚以及印度尼西亚 300 余名学生"金属材料与热处理"等 3 门课程混合式教学，材料成型等专业教学标准及 50 余份课程标准被尼日利亚认定为国家标准。第三方机构陕西省职业技术教育学会调研不同用户评价显示，教师及学生满意度达 90% 以上，企业员工、社会学习者满意度达 85.6%。

（2）依托资源库开展企业培训。

陕西铁路工程职业技术学院主持的地下与隧道工程技术专业教学资源库对接产业新技术新工艺的发展需要，为企业员工开发新技术新工艺、职业资格认证、专业技能训练等培训资源，先后为中铁一局、中铁五局、中铁七局、中国交建、中建五局等 20 余家单位开展隧道、盾构、BIM 技术培训 20 余期，为企业员工开展铁路隧道工、工程测量员、建筑材料实验工等工种培训 4 000 余人次。以资源库为基础，为中国交通建设集团、中国铁建重工集团股份有限公司等集团公司开发盾构技术培训课程及教材，为中国交建系统开发了盾构操作工技能等级标准，有效服务企业职工培训和能力提升，为企业技术创新和工艺改进提供平台与保障。

兰州石化职业技术大学（原兰州石化职业技术学院）、**晋中职业技术学院、宁夏工商职业技术学院**联合主持的煤化工技术专业教学资源库以应用化工技术和煤化工技术专业为核心，以精细化工专业、化工装备技术专业和化工安全专业为拓展，形成覆盖化工全产业链的专业群资源库。针对化工工艺操作的岗位群开发建设 114 个典型工作任务，

25 个职业标准培训包库以及十大实训中心库，借助这些优质资源搭建全国化工高技能人才培训平台，先后为青海盐湖集团、新疆广汇煤化工集团、青海大美煤业集团、甘肃省应急管理厅、中核 404 等 20 余家企事业单位开展培训 5 000 余人次。

绵阳职业技术学院、常州工程职业技术学院、山西职业技术学院联合主持的建筑材料工程技术专业教学资源库，针对建筑公司员工"混凝土与水泥制品工"技能鉴定需求，有针对性地开发培训资源。该资源库开发"水泥企业典型案例""混凝土企业典型案例"和"砂浆、外加剂企业典型案例"等多个资源包；开发"水泥生产制造工""建材化学分析工""混凝土制造工""建材物理检验工""企业员工培训"5 门培训课程，能够满足建筑行业企业技能鉴定和培训要求。先后有 100 多家建材企业利用该资源库开展技能培训，大量行业和企业从业人员通过学习获得了相关职业资格证书。

2.4.2　服务职教师资培训培养

依据《国家中长期教育改革和发展规划纲要（2010—2020 年）》的相关要求，资源库的建设在完善培养培训体系，增强职业院校教师培养培训力度，丰富职业教育能力提升方式，大力提高教师教学水平、科研创新和社会服务能力等方面发挥着重要作用。

（1）强化教师专业技能。

襄阳职业技术学院主持的特殊教育专业教学资源库，积极与各地中小学教师继续教育中心合作，积极推进特殊教育学校师资培训。2015 年 7 月，营口职业技术学院、长沙职业技术学院、襄阳职业技术学院、豫章师范学院、郑州工程技术学院等利用资源库开展省级特殊教育学校管理干部、康复教师、美工骨干教师、个别教育计划课程四个项目培训，为特教教师学分登记、继续教育网络研修学时登记、培训结业学习证明、教科研论文发表，以及在使用指导、技术服务、用户注册等方面给予全面支持。2017 年 7 月，主持院校承担了"国培计划（2017）——中西部项目特殊教育学校骨干教师 1+1 培训项目"，培训教师 200 多人。利用资源库中的核心课程及培训项目库辅助培训教学，凸显泛在学习的优势，促进特教教师继续教育工作的开展，提高特教教师队伍的整体素质。

湖南汽车工程职业学院依托主持建设的汽车类资源库实施教师素质提升计划—教师技能传承创新项目，促进教师专业技能提升。培训内容经过精心设计，以实践教学技能和专业知识拓展为主，依托汽车营销与服务资源库完成燃油汽车的拆装、检测与故障诊断；依托新能源汽车技术专业教学资源库完成新能源汽车关键部件的拆装与检测、整车的故障诊断；依托汽车智能技术专业教学资源库完成智能汽车的原理分析、安装调试与故障诊断。资源库使用单位聘请相关专业的高校名师及企业资深技术骨干，以模块化教学形式，以网络研修与线下授课结合的方式，采用理论讲授、现场参观、课程研讨、实践指导、讲座、作品制作及展示等多种培训教学形式，着力强化学员专业技能提升。通过三年期的培训与实践，整体提升了参训学员的职业素养、教学水平、专业技能及教科研能力，更好促进职业教育改革，助力职业教育内涵式发展，提高职业院校人才培养水平。

（2）开展 1+X 师资培训。

常州机电职业技术学院主持建设的工业机器人专业教学资源库，协助有关培训评价组织开发的工业机器人应用编程职业技能等级证书入围 1+X 证书制度第二批试点，同时参与设计 1+X 证书师资培训方案。以 X 证书的技能体验和基于 X 证书的书证融通专业建设两条线，基于该资源库，利用线上线下方式开展师资培训。2019 年以来，线上线下培训 6 000 余人次，支持湖南、江苏、河北、浙江等省国培、省培项目培训师资 300 余名，取得良好培训效果；先后开发新形态一体化教材 9 部，其中《工业机器人应用编程（ABB）初级》《工业机器人应用编程（ABB）中级》被遴选为职业教育"十三五"国家规划教材。

淄博职业学院、国家邮政局职业技能鉴定指导中心、中国快递协会联合主持的快递运营管理专业教学资源库，专门建设快递 1+X 板块，设置新闻动态、政策文件、标准信息、证书介绍、师资培训、培训专题等栏目，将快递 1+X 的考核点融入资源库课程中，整合快递行业新设备、新技术、标准规范，把资源库打造成快递 1+X 培训平台、新标准新规范共享平台、新技术新装备的展示平台。教师用户可以通过师资培训栏目，学习快递 1+X 的教师培训知识，为取得相应的快递 1+X 培训资格证书奠定基础。依托资源库，淄博职业学院先后组织 3 期 1+X 师资培训班，共培训了 102 所院校的 386 名教师。

2.4.3 依托资源库开展社会科普

针对社会大众、中小学生多样化、碎片化的学习需求，多个资源库开发大量科普类资源，形式多样、通俗易懂，具有较强的趣味性、体验感，对拓宽社会学习爱好者视野，激发学习兴趣，增强职业教育吸引力，构建学习型社会，起到了积极的推动作用。

浙江工业职业技术学院、南通职业大学共同主持建设了新能源汽车技术专业教学资源库，成立新能源汽车技术服务教师指导服务站，进行理论宣讲和实践指导，组建志愿服务小分队，对新能源汽车政策解读和技术进行讲解和实践模拟；建立包含绍兴市科技馆、市民广场和中小学校在内的推广应用定向基地，形成新能源汽车技术专业教学资源库推广应用立体框架，以推动新能源汽车产业的人才培养和新能源汽车的社会接受度，促进我国新能源汽车战略性新兴产业的发展。在绍兴市科技馆，新能源汽车技术专业教学资源库项目组开展"E 路同行绿动 V 来"系列活动，依托播放新能源汽车技术专业教学资源库中的资源，向市民展示了新能源专业知识，传播了绿色出行理念，践行了公益志愿服务精神。项目组还结合新能源汽车实车，讲解了新能源汽车电池及 BMS（电池控制系统），提高了民众对新能源汽车结构的认识，引导民众出行观念的改变，促进新能源汽车技术深入人心。

浙江旅游职业学院依托主持建设的智慧景区开发与管理专业教学资源库，充分发挥自身专业属性与特征，以社会大众的科普需求为先导，深入挖掘各个参建院校的属地资源与优势，联合开发了系列特色课程，以有效展示美丽中国形象、讲好美丽中国故事。一是智慧景区资源库开设了"中国旅游地理""中国旅游文化""中国古典园林文化""茶文化""景观鉴赏"及"黄河文化与旅游""三峡旅游文化""中国良渚文化""长白山文化的历史记忆""东北冰雪旅游资源与文化""红色旅游资源文化"等在线开放课程或公共网络选修课程，全方位展现美丽中国形象，讲好中国故事；二是开设了"景点导游""旅游资源调查与评价""中国旅游地理""中国旅游文化"等课程，结合 100 个虚拟仿真旅游景区，配套完成全国著名旅游景区、世界遗产地的智能语音讲解服务，提供公益讲解服务；三是促进国家经济社会发展和旅游产业发展，满足人民群众美好生活向往，体现旅游业"中国服务"内涵，承担起实现文化和旅游融合、讲好中国故事、传播中华文化、传承红色精神、提升旅游文明、促进民间外交等职责。

2.5　校企合作成效显著

企业既是资源库的服务对象，也是资源库建设的重要参与主体，因此，以校企合作的形式开展建设和应用是资源库鲜明的特征之一。职业院校和企业发挥各自优势，共同促进优质教学资源建设，不仅把握了职业院校贴近企业实际需求，培养企业急需人才的办学方向，也推动了合作企业的信息化提质增效转型，以及企业员工在职在岗的高质量技能培训。

2.5.1　启动校企深度合作引擎

以资源库为平台和纽带，建立学校与企业"强强联合、优势互补、资源共享、联合开发"的合作机制。协助服务企业发展，帮助提高生产产能，为企业提供产业的优化升级的人才支撑。企业为学校提供发展动力，学校助力企业提升生产实力，使校企合作成为双方的自发行动，真正实现校企合作的"互利共赢"。

（1）校企共建资源工作室开创"育训结合"新模式。

南京信息职业技术学院作为电子产品制造技术专业教学资源库联合主持院校之一，遵循校企共建、育训结合的原则，深化校企合作，积极建设覆盖电子产品制造技术专业核心的标准化课程以及各级各类教学资源，将资源库融入学校的专业教学和企业的职业培训全过程，供校内外教师、学生、企业和各类社会学习者学习使用。为保障高质量的教学资源库建设，学院联合合作公司，共同投入逾 200 万元建设智能化全媒体教学资源制作工作室，将教师在课堂中的实际教学过程高效地采集并转化为数字化教学资源。为更好地将资源库中的优质教学资源应用于教学培训，学院与中国电子科技集团第十四研究所等多家企业合作，总计投入资金 900 余万元，共建专业技能培训的信息化基础平台，每年承担校内外 1 000 余人次的教学与培训。

（2）校企共建产业学院打造人才培养新模式。

长沙民政职业技术学院、苏州工艺美术职业技术学院、上海工艺美术职业学院联合建设的视觉传达设计专业教学资源库积极面向行业产业开展校企合作。一是校企共建产业学院，与杭州赛群网络科技有限公司等联合开展"1+6+3"式跨境电商现代学徒制"凌鹰班"人才培养项目。"1+6+3"是指 1 个月的理论教学，6 个月的校内实战，3 个月的校外顶岗实习，把学生放在真实企业文化、真实工作场景、真实账号和真实业务的环境下进行培养。二是校企协商制定人才培养方案，共建双师型教学团队、共同开发教学资源和项目库，提供相关公司真实业务账号和实操项目，校内教师全程顶岗实践指导，每 10 个学生派驻 1 位企业导师，实施双导师管理。第一期跨境电商现代学徒制"凌鹰班"，在 130 天的学徒制特训中，实行 40 小时工作制和团队月 PK 制，130 名受训学生在学习期间承接 364 家跨境店铺的运营，完成 59 175 个产品上传销售，处理 4 132 张图片，制作 1 200 个详情页，最终线上订单成交额近 825 万美元。

2.5.2 促进校企共建教学资源

职业院校依托资源库，制定校企共同建设教学资源的组织框架、管理方案及相关制度，形成较为完整的监控和管理流程，做到分工具体、责任明确，相互协作，共建共管。在建立良好的校企合作机制基础上，共同开发课程，共同设计教学活动及教学实施，多维度开展教学考核和评价，深化专业教学改革，提升专业人才培养质量与专业服务社会的能力，真正实现资源共享、成果共享、人才共育的格局。

（1）通过资源共建共享，开辟协同育人新局面。

浙江纺织服装职业技术学院、陕西工业职业技术学院、广东职业技术学院在联合建设纺织品设计专业教学资源库的过程中，注重校企共建共用教学资源，以此推动产教深度融合。与国内纺织知名企业共同建设专业人才培养方案和课程标准，合作企业已达39 家，共同为纺织品资源库提供生产规范、产品标准、工艺案例等，截至 2021 年 12月 31 日，合作企业为纺织品设计资源库建设提供纺织新产品和工艺技术案例达到 3 380多份。以"纺织 CAD 应用"课程为例，该课程标准和资源建设标准由校企共同开发，企业负责开发教学资源，同时聘请企业的设计师和企业工艺大师讲述课程内容。课程以家纺企业、提花面料生产企业和织造企业普遍使用的纺织 CAD（计算机辅助设计）先进软件为载体，企业产品设计项目为驱动，纺织 CAD 实际应用为导向，学员的实际应用能力培养为目标，通过企业产品案例导入，让学员熟练掌握纺织 CAD 软件的操作方法，提高学员的企业化实际产品设计和工艺开发能力。该课程在资源库平台发布后全国现有 80 多家大中型生产企业的设计师利用该课程进行培训学习。

河北交通职业技术学院、四川交通职业技术学院、云南交通职业技术学院联合建设的道路养护与管理专业教学资源库，按照"一体化设计、结构化课程、颗粒化资源、模块化团队"的建设原则，构建"2641"资源库平台架构。通过院校联建、校企行共建，搭建联建共享联盟平台，结合大数据分析、云计算、虚拟仿真、物联网、移动互联、智能终端等新兴信息技术，建成"泛在化、智能化、精品化、开放化"的数据仓库型智能交通技术运用专业群教学资源库。主要特色体现在，校企行联建共享，资源库植根产业链岗位群 3 所联建院校集聚优质资源，5 个行指委全力指导，与 15 家企业实施"教学—实习—科研—生产经营—社会服务"五位一体合作模式，发挥各自优势，植根产业链岗位群，将国内外智能交通行业最新成果转化成教学资源，为国内智能交通相关专业提供行业信息、企业信息、人才培养、专业实训、培训认证、技能竞赛等优质资源服务，实现优质资源共享。

（2）发挥行业协会桥梁作用，扩大资源库应用效应。

长沙商贸旅游职业技术学院、广东交通职业技术学院、福州职业技术学院联合主持会展策划与管理专业教学资源库，一是努力构建课程适应性改造和评价认证机制，充分发挥资源库的在线教学资源和跨区域团队优势，根据全国各地院校需求，全力以赴为会展及相关专业开展在线教学活动提供教学平台和资源。二是将培训考核认证与在线课程考核评价贯通，与全国会展行业组织中国国际贸易促进委员会商业行业委员会积极协作，构建会展行业在线培训认证机制。三是打造会展专业人才培养生态系统，面向全国宣传推广，积极与各地会展行业协会紧密合作，共建人才培养联盟。截至 2021 年 12 月 31 日，共有 632 名教师、19 979 名学生、3 697 名社会学习者积极参加在线学习，活跃用户增长 479%，会展专业资源库应用范围已扩展到 29 个省、自治区和直辖市，有力支撑全国 221 所院校会展相关专业"停课不停学"，服务全国 415 家地方会展行业协会及企业"停工不停训"。

2.5.3 构筑校企协同育人格局

借助资源库，紧密对接产业发展需求推进校企合作。来自企业的优质教学资源可以直接服务教学，同时也为企业自身的信息化转型服务，为更多企业的转型升级做贡献。资源库的应用，可以有效破解高职院校课程体系设计不合理的问题，提供技术技能人才合作培育的课程土壤。资源库的建设和应用，激发了学校、企业、学生、教师以及相关部门的积极性，增强了各相关方围绕资源库开展人才培养投入的主动意识。

宁波卫生职业技术学院、金华职业技术学院、全国卫生职业教育教学指导委员会联合建设的康复治疗技术专业教学资源库，积极服务卫生健康行业领域，服务幸福民生工程，快速主动对接健康服务需求，促进产教融合。资源库在全国范围内组建产教融合"双师型"团队，其中包括 25 所院校，39 家来自北京、上海、广州等中心城市的三甲医院及行业相关公司，共 300 余名核心骨干。通过校企合作"双师型"团队，实现真实的情景化项目教学，将理论教学、实践教学及临床案例教学三者充分融于一体，加快了康复人才培养创新改革。围绕儿童健康服务人才培养，与北京北大医疗脑健康科技有限公司共同建设儿童康复类资源。以提升儿童康复人才培养质量、推进儿童康复行业发展为目标，举办全国职业院校儿童康复职业技能竞赛，竞赛吸引全国超 100 所院校、5 000 名选手参赛。通过校企协同办赛，实现"以赛促用"，为全国儿童康复行业发展提供有力的人才支撑，引领带动康复行业人才发展。

江苏电子信息职业学院（原淮安信息职业技术学院）、南京信息职业技术学院、天津电子信息职业技术学院联合主持的电子产品制造技术专业教学资源库，聚焦电子信息制造产业链高端技能人才培养，服务制造强国战略，依循"能学、辅教"，校企共建服务复合型技术技能人才培养培训的定位，构建以服务"4类用户、2个学习园地、8类学习资源"的"428"资源库平台架构。截至2021年12月31日，建成标准化课程20多门，在线学习用户累积93 000余人。该资源库围绕解决电子信息制造类专业教学痛点问题，深化产教融合，联合中兴通讯股份有限公司、立讯精密工业股份有限公司等行业头部企业，经中国电子制造产业联盟全程全力指导，基于案例企业化、学习工作一体化、虚拟实景结合化要求，实施"产品共研、标准共研、资源共建、人才共训"的校企合作模式共同建设专业教学资源。强化育训并重专业课程体系建设，建设与四新知识同步的专业培训资源，协同快客智能装备股份有限公司，开发全国电子信息制造类专业第一个1+X证书"电子装联"职业技能等级标准，联合举办"基于资源库课程联考暨Altium杯竞赛"活动。通过资源库加持，推进了岗课赛证一体化，形成了优质资源共享生态格局，助推技能型社会建设。

北京交通运输职业学院主持建设的城市轨道交通专业教学资源库，建有科普部落板块，设计"走进地铁、智慧地铁、Mini地铁"等三个子模块。"走进地铁"采用3D交互技术，通过三维动画视觉表现及多媒体数字技术等手段，全方位真实构建地铁站场景，让学习者多角度体验地铁站现场，从而增强学习者的临场感和兴趣。"智慧地铁"通过展示物联网、云计算、大数据、人工智能等技术的应用为轨道交通发展带来的新契机，为学习者勾勒出百花齐放、深度融合的智慧地铁的未来发展趋势。"Mini地铁"是一款模拟地铁规划的游戏，为不断扩张的城市人口设计适用的地铁管网，在两个站点之间划线便可连接管路，让车厢穿梭其间，在新站点出现时，要及时修改线路规划，不断提高运输效率。该板块集科学、趣味、娱乐于一体，是一个全新的城市轨道交通的展示窗口，深受社会大众欢迎。

第三部分　服务发展，扬帆起航

3.1　服务产业发展

资源库通过服务人才培养、协同创新、成果转换、培训服务等，建立起紧密对接产业群、创新链的岗位技能知识体系，为服务产业发展提供坚实人才保障，为产业的基础和应用研究以及产业化提供科技支撑，满足不同产业领域对高质量产业资源的需求。

3.1.1　服务产业结构科学布局

经过半个多世纪的发展转型，我国经济结构已由传统农业为主体，工业欠发达的国民经济体系，转变为现代工业、农业、建筑业、交通运输业和商业迅速发展的社会主义国民经济新体系。特别是在国家战略扶持下，装备制造业、新能源、信息技术、交通运输业领域有了巨大发展。资源库建设积极响应"国家急需、全国一流、面向专业"的要求，一方面集中力量建好产业紧缺、优势突出、特色鲜明的资源库，如：先进制造、新能源、新材料、现代农业、现代信息技术、生物技术、人工智能等一批战略新兴产业，以及学前教育、护理等一批现代服务业急需的资源库；另一方面，构建专业产业协同创新共同体，提升产业覆盖面。积极调整、融合、升级传统专业，推进基础专业、优势专业、特色专业和新兴交叉专业协调发展，匹配与之相适应的资源库建设布局，为我国农业、工业、先进制造业、服务业等领域全面发展汇聚强大力量。

近年来，我国产业结构发生巨大变化。调研报告显示，从 1993 年到 2010 年，工农业产值比重发生根本变化，已经形成部门比较齐全、结构比较合理的工业体系，第三产业的比重也已大幅提升。资源库建设紧扣产业动态发展需要，瞄准国家重点产业、紧跟区域支柱产业发展趋势，依托学校优质专业、特色专业，与产业发展同向同行。资源库已实现了 19 个专业大类和 96 个二级专业全覆盖，促进了"教学链—人才链—产业链"有效衔接，尽力满足各产业大类对专业技能人才培养的迫切需求。

截至 2021 年 12 月 31 日，建有资源环境与安全大类相关资源库 6 个、装备制造大类相关资源库 27 个、交通运输大类相关资源库 21 个、电子信息大类相关资源库 19 个、医药卫生大类相关资源库 10 个、生物与化工大类相关资源库 5 个、能源动力与材料大类相关资源库 8 个、水利大类相关资源库 2 个，其中在重点战略新兴产业领域建设专业教学资源库 98 个，约占立项国家级资源库总量的 47%。绝大部分资源库坚持内引外联、广泛协同，努力构建产学研用一体化的合作培养模式、人才交流模式、成果转化推进模式，深化产教融合以及服务行动落地，凸显专业服务重点产业的实用性与普及化，为地方经济转型、产业升级做出重要贡献。

重庆城市管理职业学院主持建设的微电子技术专业教学资源库，联合英特尔和三星等国际微电子产业巨头、国内微电子龙头企业以及国家、地方微电子主要行业协会和研究单位，制定了初、中、高三级的《半导体照明工程师专业能力规范》，实时更新半导体照明产业发展报告、各地区产业分析报告与产业资讯库（产业政策、产业数据、产业动态、新技术新产品）等产业发展最新信息，开展半导体照明职业资格培训工作和半导体产业相关工程师评定工作，年培训企业员工接近两千人。经过持续建设，人才培养质量显著提升，为半导体产业服务发展提供了高素质技术技能人才支撑。

长沙航空职业技术学院主持建设的飞行器维修技术专业教学资源库，主动服务"一带一路"倡议航空产业发展技能人才需求，在技能大赛、培训服务等方面取得了显著成效。截至 2021 年 12 月 31 日，飞行器维修技术专业教学资源库共计完成 2 万多个素材资源的建设，含世界技能大赛、飞机维修技能大赛、全国职业院校技能竞赛、飞机发动机拆装调试与维修技能大赛等赛项培训相关内容近 200 个；含职业技能鉴定、社会培训、CCAR-147 部培训、CCAR-66 部考试培训等基地建设相关内容 1 000 多个。经过持续建设，资源库中素材资源已覆盖飞机机体结构修理、飞机部附件修理、飞机装配调试与维护、飞机故障与质量检验、飞机修理技术服务、飞机修理生产管理、航线维护与安检等 7 个工作领域，为航空产业提供了技术人才支持。

3.1.2 紧扣产业升级更新内容

在数字化推动产业结构转型升级的大环境下，产业转型升级对人才需求开始出现结构性变化，新兴岗位需求正从基础、执行岗位向分析策划、组织管理等综合能力要求较高的岗位转移，新兴产业的竞争和经营管理进入了专业智能化取代传统人工的新阶段。资源库建设院校联合行业机构和龙头企业，紧密对接相关产业岗位链的主流生产技术，紧扣岗位技能标准开发资源内容，按照基本技能、核心技能、综合技能的能力递进规律设计教学过程，实现资源建设与产业发展相融合，适应区域传统支柱产业、战略性新兴产业、现代服务业和各地特色优势产业的发展需求。

产业转型升级过程中，其结构不断优化，引发技术结构、就业结构和人才需求结构不断发生变化。各专业大类资源库对接产业知识新结构，通过搭建平台、共建基地、资源共建等途径，建设了大量面向"新材料、新工艺、新技术"的育人资源，满足了转型升级对技能人才的需求。

江西环境工程职业学院、襄阳职业技术学院、安徽工商职业学院联合主持的建筑室内设计专业教学资源库，支持装饰行业生产线岗位技能更新，服务装饰行业发展需求。2016 年与北京海天装饰等国内装饰行业龙头企业合作，紧跟行业标准、装修材料、施工流程与规范、审美趋势、装饰风格、工艺更新等最新发展动态，开发"新技术，新工艺，新材料"教学资源。以"室内装饰施工工艺"课程为例，为了紧跟装饰行业的不断更新迭代，解决"材料性能讲不清、工艺流程看不见、隐蔽工程进不去、装修材料用不得、装修效果难再现"的施工教学难题，按照产业高端企业的最新工艺流程，校企共同开发制作 200 余条虚拟仿真教学资源，搭建含基础工程—水电工程—泥工工程—木工工程—油漆工程—安装工程 6 大模块内容的"室内装饰施工工艺三维虚拟仿真实训平台"，为行业、企业员工培训提供教学服务 3 000 人次，节省企业培训投入超 400 万元。"室内装饰施工工艺"课程中的虚拟仿真教学资源，解决了数字化教学资源对接最新装饰产业链中岗位能力变化不适应、数字化教学实践项目与装饰行业生产衔接不紧密、课程数字化资源服务专业教学与装饰行业培训支撑力不足等问题，满足产业发展对高水平技术技能人才的需求。

黄河水利职业技术学院主持建设的水利水电建筑工程专业教学资源库，以行业为纽带，在水利部人事司、中国水利教育协会、全国水利行业职业教育教学指导委员会的指导下，联合 24 家参建单位制定了优质教学资源建设评价"四优标准"（反映内容优、表现形式优、应用效果优、建设效益优），规范提升资源建设质量，提供强大的教学资源支持和公共服务保证。通过集成、整合参建单位的优质资源成果，截至 2021 年 12 月 31 日，建设了"水利工程制图""水力分析与计算""水工建筑物""水利工程造价与招投标""水利工程施工技术"等 12 门课程，库内资源超 5 万条。凝聚历史文化和理论共识，联合多家大型实体博物馆共同兴建了数字化水利类信息及实物藏品，以典藏保护水利遗产、传承发扬水利文化、传播创新水利科技为宗旨建设现代化水利数字博物馆，所建"三新"资源体现了科普性、知识性、趣味性、工程情景再现、水文化、水情国情教育、技术技能积累，有效拓展学员水利专业素质。

随着我国产业进入新发展阶段，产业升级和经济结构调整不断加快，数字化对推动产业知识结构现代化的作用越来越突出。通过聚焦数字资源智能化，驱动我国传统制造业向中高端迈进，助力推动传统产业链升级；通过促进制造业与服务业融合发展，助力推动传统服务业向现代服务业升级；通过推动产业跨界融合并催生新业态，助力提升产业链竞争力，全方位推进产业基础再造和产业链提升。资源库项目根据产业升级要求，已遴选约 27 个资源库进行升级改进，涵盖了农林牧渔、水利、食品药品与粮食、电子与信息、财经商贸、教育与体育、公共管理与服务 7 个产业门类。升级改进项目的建设，有助于职业教育发展与产业转型升级发展的紧密契合。

浙江金融职业学院主持建设的互联网金融专业教学资源库是应对数字普惠金融时代消费者再教育等需求增长背景下启动的金融资源库的升级改进项目，联合包括全国金融职业教育教学指导委员会、高等教育出版社，以及分布在全国各地的 8 所财经类高职院校和 8 家银行、证券、保险等紧密型合作企业共同建设，对"现代金融基础""商业银行综合柜台业务""银行会计实务""银行授信业务""银行产品""国际结算操作""保险实务"等原有 10 门金融专业核心课程的知识点和技能点重新设计知识树架构，以此为中心进行系列颗粒化资源的梳理、重建与更新，为学习者提供专业课程学习框架和自主学习新途径。依托资源库的技能训练软件平台，以及升级改进项目增设的五个技能培训包平台，强化了学生的各项技能训练。建成的数字化教学资源正好契合了数字普惠金融的发展需求，运用现代数字技术提供金融教育解决方案、开展金融消费者教育。让金融教育更加精准高效，让教育途径更加灵活便捷。

山东商业职业技术学院主持建设的市场营销专业教学资源库升级改进项目，聚焦互联网环境，以进一步增强市场营销专业教学资源库的行业适用性和运行活力为改进根本目标，始终坚持延伸产业服务功能，着力升级行业营销课程、互联网营销课程、行业营销实战课程、市场营销技能大赛课程四个模块内容，打造一批服务产业的商务素质培养特色资源和新媒体营销实训模板资源。项目自 2015 年验收后每年按照 10% 以上的更新率新增资源，新媒体营销及网络营销教学课程资源在相应产业的大数据营销、社群营销、创意营销、内容营销等营销领域中得到了更多的使用，体现了"互联网 +"背景下企业营销手段的最新模式和最新成果，强化了对服务业高层次技术技能人才和团队的支持。

江苏食品药品职业技术学院主持的食品加工技术专业教学资源库升级改进项目，融入产业先进元素，为食品产业培养高端食品技术技能型人才，为食品企业新产品开发及技术创新提供依据，满足食品产业转型升级需要。项目升级过程中注重信息技术、纳米技术等新兴技术在食品工业中的应用，围绕食品加工工艺与产品质量控制，与雨润控股集团有限公司、内蒙古蒙牛乳业（集团）股份有限公司等国内行业领军企业合作构建健康生活馆和特色专题库，推动食品专业知识的科普化、社会化和常态化。服务产业需求，依托升级后的资源库，为江苏奥斯忒食品有限公司、江苏大喜来食品有限公司等 17 家企业开展新员工入职培训、职业资格培训及岗位技能培训，有效服务"健康中国"战略和满足人民对美好生活的追求。

3.1.3　区域产业互动协调发展

截至 2021 年 12 月 31 日，已立项建设的 203 个国家级资源库，数量居前六位的省份分别是江苏、浙江、广东、北京、湖南和山东；第一主持单位中，东、中、西部地区的职业院校数量分别为 135 所（67%）、45 所（22%）、23 所（11%），如图 3-1 所示；参与资源库建设的 1 314 所院校中，东、中、西部院校的数量分别为 670 所（51%）、289 所（22%）、355 所（27%），如图 3-2 所示。以资源库项目建设为契机，不同区域之间院校和行业企业共建共享，实现东中西部产业优质资源共建共享，增强不同区域之间优质教育资源的可及性，促进跨区域的产业合作共同体的建设，扩大区域之间产业的交流合作和互帮互助。

图 3-1 资源库第一主持院校在东中西部地区的分布情况

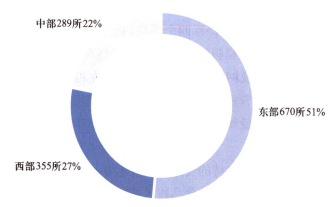

图 3-2 资源库参建院校东中西部地区分布情况

新疆农业职业技术学院牵头联合 42 家单位建设的作物生产与经营管理专业教学资源库，项目联合建设单位包括国内农业职业院校 20 所和合作企业 22 家。资源库以服务我国作物生产技术专业中高职人才衔接培养、农业从业人员终身教育为宗旨，东、中、西部地区的教师共同建设完成了 16 种作物优质高产生产技术课程和 14 门专业基础与拓展课程资源，分阶段构建七个农业区域课程模块、八大资源库和九个应用系统（简称"七区、八库、九系统"）的优质教学资源共享体系，建立资源库建设可持续发展的共建共管长效机制，充分满足东、中、西部各区域的农民用户自主学习，企业员工、专业大户、家庭农场经营者、新型农民和农村合作组织的远程教育和培训，以及中高职院校毕业生创业服务和亿万农民信息服务需要，为我国现代农业可持续发展提供强有力的技术和人才支撑。

岳阳职业技术学院、江西卫生职业学院联合主持助产专业（群）教学资源库，基于"促进健康—恢复健康—重建健康"的三级预防理念，以助产专业为核心，对接生殖健康服务与管理、预防医学专业，对接孕产保健、儿童保健、生殖健康等产业，建设标准化课程 59 门。截至 2021 年 12 月 31 日，引用资源库资源组建个性化课程 640 门，辐射全国 30 个省、自治区和直辖市的 1 789 所院校，注册用户 17.5 万人。以"康复护理"课程为例，建立个性化课程及 MOOC 课程 28 门（期），除参建院校外，还有其他 14 所学校的教师使用该课程资源建课并开展教学，学习者总人数超过 2 万。2021 年，助产专业（群）教学资源库的建设及应用，为全国约 17.5 万用户搭建了一个学习平台，服务用户覆盖全国中、东、西部行业企业，在职业教育专业教学和职业培训信息化领域取得明显成效，实现了优质资源东、中、西部区域产业共享，社会服务能力显著增强，助产专业（群）教学资源库 2017—2021 年各年用户总量如图 3-3 所示。

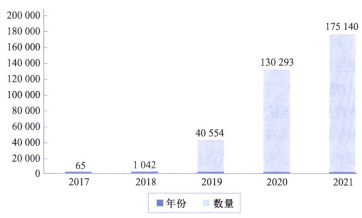

图 3-3　助产专业（群）教学资源库年用户总量统计

哈尔滨职业技术学院、常州工程职业技术学院、四川工程职业技术学院联合主持的焊接技术与自动化专业教学资源库，与全国焊接领域具有悠久历史积淀的 45 所职业院校、55 家优质企业组成联盟，出台共建共享联盟单位管理办法和实施细则，共同推动优质教学资源建设、共享、应用的可持续发展，通过开展校企交流，跨区域互动，促进联盟成员、校企之间、企业之间有效开展区域产业互动，全面提升资源库使用效益和服务质量。截至 2021 年 12 月 31 日，相关成果已推广并应用于全国开办焊接专业的 100 余所职业院校和 50 多家联盟企业，不仅有效提升了校企合作的层次，还有效推动了焊接技术与自动化产业在不同区域间的互动交流，提高了协同发展的水平。

3.2　服务教育公平

职业院校作为应用型创新人才培养重要输出地，其高质量的创新人才培养机制能够为我国经济发展提供充分的智力支撑。截至 2021 年 12 月 31 日，已有 1 314 所职业院校和 2 771 家行业企业参与资源库建设，资源库目前的注册用户约 1 902 万人，其中教师用户达 83 万人，学生用户达 1 734 万人，企业用户达 33 万人，社会学习者达 52 万人。

资源库的建设，一是促进中高本职业教育有机衔接，加快中高本职业教育体系的建设；二是推进优质教育资源共建共享，辐射示范专业发展；三是根据资源库特点建设个性化特色课程，目前，资源库已经成为重要的优质科普资源，服务终身教育，为技术技能人才持续成长拓宽通道。

3.2.1 搭建职教层次衔接立交桥

助力中高本一体化协同发展。中高职资源库开发的高水平技术工艺用于职业本科实训教学，助力中高职课程教学改革，辅助本科教育教学和人才培养。中高职资源库在优化中高本职业教育衔接、促进中高本一体化协同发展、推进人才培养模式改革等方面，发挥了不容忽视的作用。

高职院校"三位一体"协同德育。协同教育育人理念强调在学校德育这一复杂的系统教育工程中，学校、家庭、社会三维系统教育力量的整合、协调和同步；在高职院校德育构建中，坚持学校主导、家庭支持、社会配合的建设路径。同时，资源库为中高职"三维协同"运行搭建平台，有效促进中职、高职、职业本科三者达成真正协同。

保障职业教育教学的连续性。资源库的建设突破了传统课堂教学的时空界限，为线上线下混合式教学模式的实施提供了优质资源保障；尤其是在新冠肺炎疫情防控期间，利用资源库开展弹性教学，保障了职业教育教学的连续性，增强了职业教育的系统韧性，破解了职业教育实践教学难题。通过建设虚拟仿真资源，替代危险性高或难以安排的现场实习实训，展示现实教学中难以理解的复杂结构和复杂运动，解决了职业教育实训教学中"高投入、高损耗、高风险及难实施、难观摩、难再现"的问题。

黑龙江建筑职业技术学院、江苏城乡建设职业学院、重庆电子工程职业学院联合主持建设的建筑智能化工程技术专业教学资源库，服务"中、高、本"贯通培养，搭建以学习者为中心的能学辅教的专业学习平台。截至 2021 年 12 月 31 日，建设标准化课程 12 门，其中 7 门课程为国家级、省级在线开放课程。资源总数达 12 000 余条，注册用户达 24 000 余人，其中中职学生 3 000 余人，高职学生 16 000 余人，本科学生 1 000 余人，社会学习者 4 000 余人。联合中等职业院校和本科院校多家参建单位对接职业标准、技术标准，贯彻国家专业教学标准，共同制订并实施适应"互联网＋职业教育"发展需求的专业人才培养方案，优化专业课程体系，建设模块化课程，将职业证书融入课程建设中，形成"中、高、本"培养和培训融通并重的现代职业教育新体系。以建筑智能化工程技术专业教学资源库为依托，为全国职业院校技能大赛中职建筑智能化系统安装与调试赛项提供相关的理论和实践资源，目前已为 30 多所中职院校提供备赛学习平台。有效带动了全国职业院校建筑智能化工程技术专业教学改革，整体提升了专业人才培养质量。

陕西铁路工程职业技术学院、辽宁省交通高等专科学校联合主持的地下与隧道工程技术专业教学资源库，建立了中高本衔接的"线上"立交桥。截至 2021 年 12 月 31 日，已建资源 17 000 余条、个性化课程 550 余门，建设在线开放课程 48 门。全国有 3 000 余家院校和企事业单位使用该资源库开展教学、培训及各种在线学习，其中包括陕西省建筑材料工业学校、高川市第一职业技术学校等中职学校 22 所，四川建筑职业技术学院、郑州铁路职业技术学院及柳州铁道职业技术学院等高职院校 300 余所。在已有人才培养方案基础上，重构线上教学人才培养方案，构建了由标准化课程、个性化课程及职业素养课程组成的线上教学课程体系，分高中、中职非土木类、中职土木类、大专及以上学历非土木类、大专及以上学历土木类五种类型课程体系。分别制定了线上教学方案及职业资格证书要求，建立了中高本衔接的"线上"立交桥，为相关人员取得职业资格证书，从事隧道、地铁建设提供了明确途径。

上海医药高等专科学校、山东药品食品职业学院、全国食品药品职业教育教学指导委员会联合主持建设的药剂、药品经营与管理专业教学资源库项目作为中职牵头的资源库，通过动力共享、责任分担、互动交流和激励评价，实现了中高职衔接一体化发展。资源库聚集了 17 所医药类职业院校、19 家企业和 4 家行业协会，按照"能学辅教、中高职衔接、对接岗位、服务全国药品流通和终端使用环节"的目标，规划了行业资源、专业资源、课程资源、素材资源、培训资源及特色资源六大类资源。截至 2021 年 12 月 31 日，资源库素材总量达 37 000 余个，注册人数达 79 000 余人，覆盖 30 个省份。通过使用资源库教学，第二主持单位（山东药品食品职业学院）"专升本"录取率大幅提高，2019 年"专升本"报名人数为 301 人，被省内本科院校实际录取 136 人，录取率为 45.2%。2021 年"专升本"报名人数为 975 人，被省内本科院校实际录取 697 人，录取率为 71.5%。

3.2.2 推动优质教育辐射示范

203 个国家级专业教学资源库，包括分布在 19 个职业教育专业大类资源库 181 个，文化传承与创新资源库 22 个，如图 3-4 所示。

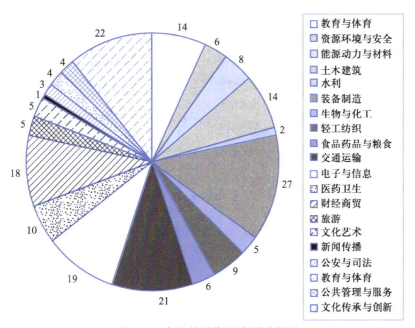

图 3-4 专业教学资源库覆盖情况

资源库通过共建共享优质资源，不仅有效地促进不同院校同一专业的建设和发展、提高不同区域同一专业的人才培养质量和专业建设水平，而且也辐射带动相关专业的建设，有效促进各地各校专业大类内的专业、专业群内和群外专业的建设和发展，最终促进不同学校专业的协同发展。

　　南京工业职业技术大学（原南京工业职业技术学院）主持建设的机电一体化技术（原名为：机电一体化）专业教学资源库，基本架构由"两大平台、四大模块、五大服务"组成，如图3-5所示。以机电一体化技术应用企业的用人需求为出发点，以先进的高职教学改革理念为指导，以满足教师、学生、企业和社会学习者等不同对象的学习需求为导向，以优质教学资源、生产实践资源为基础，以现代信息技术和手段为保障，机电一体化技术专业教学资源库是一个资源内容丰富、先进技术支撑、可持续更新的智能、共享、动态的国家级教学资源库。资源库共建单位57家，其中联合建设院校33所、联合建设行业企业20家、行业协会3个、出版单位1家。该资源库在全国地区中高职学校、行业企业、各类竞赛中实现推广应用，截至2021年12月31日，资源库拥有用户95 000余人，分布在31个省级行政区域，使用单位达到2 900余个，辐射专业200余个。其中访问量排名比较靠前的课程用户数达8 600余人，访问量最多的素材访问次数达到370万余次。丰富的机电资源及自动机自动线、工业机器人、风电机组安装等方面的专项培训资源，为企业员工的岗前培训、专项工种培训提供基础性的系统资源，企业用户与社会学习者所在单位总数达1 000余个，充分体现了机电一体化技术资源库的社会效益。

图3-5　机电一体化专业教学资源库基本架构

　　肇庆医学高等专科学校、漯河医学高等专科学校、湖北三峡职业技术学院联合主持建设的临床医学专业教学资源库，创新构建"联盟＋联考"模式，实现了全国近40所院校的临床医学专业同一门课程在同一时间，用同一份试卷进行联合考试。截至2021年12月31日，资源库素材资源总数达2万余条，建标准化课程29门，为全国临床医学专业教学信息化改革提供了优质资源和课程支持，全国院校基于资源库建立的应用课程达 2 300 余门。资源库当前用户达 51 万余人，应用日志达 3.6 亿余次。在新冠疫情防控期间，更是发挥了线上教学主阵地功能，日均产生应用日志 100 万次以上，2020 年 1—9 月临床医学专业教学资源库综合应用数据在 203 个国家级专业教学资源库中排名第一。

深圳职业技术学院、浙江工贸职业技术学院、南京工业职业技术大学（原南京工业职业技术学院）联合主持建设的创新创业教育专业教学资源库，用户覆盖全国 30 个省级行政区域，助推优质资源共享。根据创新创业教育课程体系设计，从普及课程、专业课程、实操课程，到双创与专业融合课程，四个层次学习逐级递进；从思维意识、知识技能，到应用实践逐级落地，建设标准化课程 55 门。以培育创新创业土壤、营造创新创业文化为要旨，建设双创资讯、创业导师、众创空间、创业案例、融资平台、项目推介、创新集萃、双创竞赛、双创文化九个特色子库，满足各类用户不同使用需求。截至 2021 年 12 月 31 日，资源库共建单位 30 个，资源库用户数量达 35 万余人，其中"创业基础"课程使用人数达 2 万余人。

辽宁农业职业技术学院、江苏农林职业技术学院联合主持建设的园艺技术专业教学资源库，围绕蔬菜生产技术、果树生产技术，服务教师、学生、企业员工、新型农场主和新型职业农民。项目建设以来，主持院校和各参建院校向兄弟院校和本校相关专业积极推广该资源库，截至 2021 年 12 月 31 日，累计推广至 22 个高职院校，涉及专业 40 多个，遍及全国各地区。其中农业生物技术专业可以使用资源库中的"食用菌生产技术"和"园艺植物组织培养"等课程，种子生产与经营专业可以使用资源库中的"园艺植物种子生产"等课程。相关专业教师在充分利用园艺技术专业教学资源库的同时，不断推进本专业信息化教学改革。

永州职业技术学院、襄阳职业技术学院、沧州医学高等专科学校联合主持建设的医学检验技术专业教学资源库，建设有"一个门户""两种平台""三大模块""四类子库"。截至 2021 年 12 月 31 日，建设有优质教学资源 19 000 余个、微课 3 710 个、题库试题 17 101 道、搭建有标准化课程 16 门、培训课程 35 门。有注册学员 27.5 万余人，学习行为日志数超过了 3 亿条。在全国开办该专业的 249 所高职高专院校中，有 195 所院校使用该资源库。在全国开办该专业的 149 所中等职业学校中，有 96 所学校使用该资源库。各校教师利用该资源库搭建个性化课程 1 330 门、利用 MOOC 学院在线开放课程线上开课 89 期，学员覆盖全国各地，在教育部工程研究中心发布的 2021 年 1—12 月监测月度报告中，该资源库访问量位列第三。

3.2.3 贯通成长服务人才发展

联合国教科文组织（United Nations Educational，Scientific and Cultural Organization，UNESCO）发布的《学习的人文主义未来》报告中提出"教育的未来：学会成长"倡议，提出 2050 年多元化的教育和学习的未来的共同愿景：创建一个平等的、可持续的社会，让不同国家和地区的人包容多样化的知识体系和世界观；建立超越以个人和经济目的为导向的教育体系，并融合社会的和公民的目标。

构建终身学习的教育体系。资源库给学习者提供了大量的学习资源和多样化的学习渠道，从幼儿教育开始即可打破教室和日常生活的界限，提供满足学习者不同学习需求的个性化学习资源；同时，借助人工智能等信息技术实现教育的便利性和可及性，跟踪学习、记录学习行为，了解学习者的情况和习惯，提供有针对性的服务、有温度的服务，为全球公民意识的培养、学习者的个性化成长提供资源和工具保障，有效地推进学习型社会的建设和中国的生态教育体系建设，促成"一带一路"教育共同体的形成。

金华职业技术学院主持建设的学前教育专业教学资源库，以集"能学、辅教、促训、助管"于一体的学前资源库（1库）为基础，引入职教云、云课堂（2云），创建个性化教学环境；以"学"为核心，以"训"为关键，以"评"为促进，以"管"为保障，探索课程教学应用链、实习实训应用链、学习评价应用链（3链），搭建终身教育平台。资源库拥有20余门标准化课程、400余门微课和5 000余道题库试题，服务全国职业院校学前教育专业师生、幼儿园教师和其他学前教育机构工作者及其他社会人员。截至2021年12月31日，该资源库的用户总量已达39 700余人。其中，"幼儿园教育活动的设计与实施"课程作为国家级精品资源共享课，服务幼儿园一线教师培训，学习者已经达到10 000余人；"幼儿园教师音乐技能"课程为国家精品在线开放课程，为学前教育专业骨干教师和不同幼儿园教师开展培训，已经有20 000余名学习者。

襄阳职业技术学院主持建设的特殊教育专业教学资源库，提供了"六个库和两个中心"的丰富资源，主要包括素材资源库、专业建设库、课程资源库、教学环境库、培训项目库、互动测评库、国际交流中心以及医教结合康复研究中心八大资源模块，满足学生、教师、企业用户（主要是特校教师、残疾人辅具企业）和社会助残工作者（含残疾儿童家长、助残志愿者和义工）四类主要用户的需求。截至2021年12月31日，开发了教师资格证书、育婴师、手语翻译等职业培训资源2 000多个、国内特殊教育政策文本200多个、各类残疾儿童的典型案例150多个，资源库的用户总量已达11 800余人。其中，个别残疾儿童家长用户的在线咨询达到500多次，个别资源社会用户的点击率在1 000余次，社会用户注册的省市达到24个。

武汉城市职业学院、桂林师范高等专科学校、江西师范高等专科学校联合主持建设的小学教育专业教学资源库，设计了双创教育、师德大讲堂、家教大讲堂、科技活动馆、国学馆、教师发展中心、儿童特长发展中心、"一带一路"国际合作等模块，提供学历教育资源体系、社会培训资源体系、特色资源体系，担当起服务儿童教育事业发展的使命，在小学教师学历教育和社会培训、儿童家庭教育、社区教育及儿童个性化发展中发挥重要作用，服务全民终身教育。截至2021年12月31日，该资源库的用户总量已达50 000余人。其中"普通话训练与水平测试"的学习者已达5 600余人，满足师范生和社会学习者教师资格考证需要；"小学语文教学法"针对小学教师岗前职后开展培训，课程学习人数已达5 500余人。

3.3　服务乡村振兴

打赢脱贫攻坚战是实现全面建成小康社会目标的重大任务。实施乡村振兴战略是新时代做好"三农"工作的总抓手。全面推进乡村振兴，人才是关键，在构建国内大循环为主体、国内国际双循环相互促进的新发展格局的背景下，加大对农业农村等人才急需领域的职业教育供给，培养更多扎根农村、知农爱农的新型农业农村人才正当时。依托专业教学资源库助力乡村振兴，系统、精准地开展乡村振兴人才培养服务工作，打通了高等优质教育资源与乡村振兴战略的"最后一公里"，解决了传统资源共享不足、服务形式单一、培训内容不够系统等问题。在人才培养、社会服务双重动力驱动下，乡村振兴人才培养途径更加丰富，培养模式更加优化完善，专业发展更加契合区域经济发展，社会服务体系更加科学合理。

3.3.1　聚焦"三农"落实国安战略

我国提出"以我为主、立足国内、确保产能、适度进口、科技支撑"的新形势下国家粮食安全战略。随着社会经济发展，粮食安全的重点转变为食品的营养和卫生保障以及随生活水平提高而产生的食物偏好。资源库建设以来，全国农林牧渔大类专业教学资源库共立项建设 14 项，占专业资源库总立项数的 7.61%，通过整合特色办学资源，以点带面、重点突破，聚焦服务食品安全、乡村振兴、生态文明建设等重大战略的核心技术与关键领域，通过资源库培养了一大批服务"三农"发展的高素质技术技能型人才，较好地服务了国家重大战略。

河南农业职业学院主持建设的种子生产与经营专业教学资源库，根据专业和行业标准，通过专业调研和顶层设计，适应种业发展趋势和职业教育的特点，以种子产业链"品种选育→种子生产→种子加工→种子营销及服务"为主线建设相关内容。采用基于种子"育、繁、推、服"一体化的课程开发模式，遵循职业教育规律，突出培养知行合一、躬耕"三农"的种子精神和创新创业能力。构建了以"特色资源库中心、种业信息查询中心、国际种子信息中心、法规中心"为核心的"四中心"，以"学习平台、培训平台"为核心的"两平台"，以"专业园地"为核心的"一园地"的基本框架，满足职业院校师生、行业企业人员、职业农民等多用途多需求的使用要求。

江苏食品药品职业技术学院主持建设的食品智能加工技术（食品加工技术）专业教学资源库，为有就业需求的社会学习者提供了初级食品生产加工基础知识、食品加工技能训练、就业创业指导等课程，引导外出农民工、退伍军人、农村大中专毕业生返乡创业。

浙江农业商贸职业学院中华茶文化传承与创新专业教育资源库面向茶树栽培与加工、茶艺与茶叶营销等专业以及全院性公选课程，服务学生、社会学习者、企业员工、授课者四大群体，以"中华茶文化＋非遗文化"为主线，建成以茶产业链为逻辑的系统性中华茶文化传承与创新专业教育资源库。通过民族文化进校园、进专业、进课程，大力传播和弘扬中华茶文化。与此同时，通过创新中英、小语种版本，为东盟国家的留学生、国际交流生、研修生学习中国茶艺、了解中国茶文化等提供丰富的资源和便捷的途径。

江苏农林职业技术学院主持的园林技术专业教学资源库、**辽宁生态工程职业学院**林业技术专业教学资源库、**潍坊职业技术学院**园林工程技术专业教学资源库扎实推进美丽乡村规划设计人员培训，开展专业技术人员培训，大力改善农村人居环境，提升了美丽乡村规划设计质量。

3.3.2 实施互助，打破贫困传递

欠发达地区因教育观念落后、教育水平低下等因素，陷入贫者恒贫的死循环，推动教育强民、技能富民、就业安民是精准扶贫、乡村振兴的根本大计。职业教育对接产业、对接岗位的特点更加切合欠发达地区的发展需求，但教育资源匮乏严重制约当地的职业教育人才培养水平和社会培训质量。资源库建设伊始便建立全社会共享机制，在此机制下，欠发达地区职业院校可利用较少的财政投入获取海量的教学资源，为当地产业培养技术工人、新型职业农民和其他相关技术人才提供智力支撑。

（1）打造特色课程资源，助力边疆脱贫攻坚。

新疆农业职业技术学院牵头建设的作物生产与经营管理专业教学资源库着眼于国家粮食作物安全生产，推广作物生产新技术，服务各种类型的农业生产经营实体，培养作物生产技术应用与管理一线不同层次的技术人员，为我国现代农业发展和农产品安全提供人才支撑和技术支撑，构建了符合我国不同区域农作物生产特点的专业学习体系；建成新型职业农民、师资和企业员工培训与新技术服务平台；升级改进模拟小麦、玉米、北方水稻、南方水稻和棉花五大作物生产经营管理过程的 3D 虚拟实训系统；面向学生、教师、企业员工、新型职业农民和社会学习者 5 类用户，建成个性化的网络学习平台。平台注册学习用户达 3 万余人，注册的行业企业和新型职业农民充分利用资源库平台新技术培训包和培训课程以提升技术水平，技术水平的提升带动了农民创业致富。2018 年受当地奎屯、乌苏市，兵团第三师、第七师农业局委托，新疆农业职业技术学院对管区农药经营人员进行农药规范管理、农药安全使用、现代植保技术培训。5 期培训共有 1 037 名学员参加，促进了农作物生产产业从业人员技术水平的提升，在打赢脱贫攻坚战中发挥了重要作用。

（2）脱贫攻坚电力先行，培养乡村一线电力技术人员。

内蒙古机电职业技术学院牵头建设的电力系统自动化技术专业教学资源库聚焦牧区，采用"资源库 + 脱贫攻坚"的建设模式，充分利用资源库对土牧尔台镇新建村、建华镇永安村等牧区开展家电维修、安全用电检查等电工技能培训，全方位服务"三农"。

武汉电力职业技术学院利用资源库为武汉市东湖新技术开发区三新供电服务有限公司开展农电专业人员综合素质及能力提升培训和农电业务技术技能提升培训，旨在培养建设一支懂业务、善操作的农电工队伍，以解决该公司生产运营压力加大，配网项目陡增，而相关岗位人员数量不足，业务能力有待提高的难题。

广西电力职业技术学院利用资源库的优质教学资源为广西环江毛南族自治县等贫困地区的电力企业用户开展资源库应用推广活动，将资源库应用推广与脱贫攻坚工作相结合，帮助贫困地区电力企业开展员工电力专业培训和自我学习辅导，充分发挥电力系统自动化技术专业教学资源库服务行业企业的功能。参建院校响应国家"百万扩招"政策，面向退役军人、下岗职工和农民工开展技术技能培训，与职教中心、劳动就业局联合开展农村劳动力转移培训服务，完成高压电工、低压电工技术技能培训，并为学习者提供继续教育、在线培训学习平台，助力国家脱贫攻坚战略，有效地满足了农牧区用户的学习需求，实现优质资源跨地域"众筹共享、互学互鉴"，最大限度地发挥了该资源库的社会效益。

（3）多方参与，提升特殊教育人才培养质量。

襄阳职业技术学院牵头建设的特殊教育专业教学资源库，采取政府指导、高校合作、校行合作、校企合作、校校合作的模式，充分利用行业和各院校的办学实力，凸显院校的区域优势，实现共同开发。通过资源使用者共同参与，主动为资源库提供优质资源，最大范围地汇集各方特色资源，共同建立起高效的资源收集、开发、整理平台。通过用户需求调研与分析，呈现专业教育教学改革成果，做到资源先进、内容充实、类型丰富、形式多样、贴近需求，实现教学资源与特殊教育职业岗位知识、能力、素质要求的紧密结合。针对特校教师教育教学和康复训练的岗位（群），对特殊教育领域内工作岗位的典型任务分析，形成人才培养的规格定位，重点开发与建设专业核心课程，涵盖5个专业课程模块——基础理论、专业技能、教学技能、康复技能、综合素质。建设普适性、兼容性教学资源的同时，兼顾不同区域和院校的特点，考虑学习者的个体差异，注重资源的多层次、多元化和延展性，开发数字化虚拟实训资源和在线测评系统，开放教师云平台个人空间，最大限度地满足不同层次、地域的学习者的个性化需求。

3.3.3 培养乡村振兴本土人才

2019年《政府工作报告》提出，改革完善高等院校考试招生办法，鼓励更多应届高中毕业生、退役军人、下岗失业人员、农民工、新型职业农民等群体报考。教育部制定并颁布《高职扩招专项工作实施方案》，从招生领域、考试组织、考生录取、入学培养、教学模式和经费保障等方面做了精细部署。新型职业农民、种植大户和新型经营实体是农村最具活力的人群和组织，是解决我国"三农"问题的生力军，是农村各项事业健康发展的排头兵。专业教学资源库项目建设将新型职业农民作为重点服务对象，按照生产实际需求设计开发建设新技术培训教学资源和丰富的案例资源，同时进行跟踪技术指导，提高了培训的时效性、针对性，全面提升从业人员的基本素质和能力。

（1）服务"百万扩招"计划，为产粮大省打造高素质"三农"人才。

河南农业职业学院牵头建设的种子生产与经营专业教学资源库紧紧围绕服务国家粮食安全、乡村振兴战略，以培养种子行业企业复合型技术技能人才为宗旨，为"百万扩招"和实施新型职业农民培育工程等国家人才战略提供实施教学平台，通过弹性学制完成学业。按照种子产业链"选育→生产→加工→推广→服务"，重点建设种子生产与经营专业核心课程、拓展课程的优质教学资源在线共享平台。资源库现已建设标准化课程 30 门，个性化课程 180 余门。提升了新型农业生产主体的技术技能，为现代农业注入了更多的高素质人才，既符合十九大报告提出的乡村振兴战略的需求，也是美丽乡村建设的需求。资源库为弹性学制的用户完成学业提供服务，河南农业职业学院 2019 级、2020 级两批共计 527 名学员通过资源库和线下结合的学习形式获得了学分，完成规定学分即可申请学历证书和新型职业农民证书。同时，资源库搭建了培训中心，为行业企业员工和社会学习者提供了方便，达到培训时数，经线上测试成绩合格，在资源库平台上即可打印行业企业认可的证书，作为学分申请和资格认定重要依据。

（2）多方参与砌筑动物检疫铁闸，多层次培育打造乡村振兴人才高地。

山东畜牧兽医职业学院牵头建设的动物检疫检验技术专业教学资源库，构建了以动物性食品安全、公共卫生安全为核心内容的"一主题、两拓展"动物检疫检验技术专业教学资源体系，全面服务乡村振兴。建立"校企（行）合作、校际协同、统筹规划、系统设计、过程控制"的共建共享机制，创新基于资源库的"互联网＋"复合教学模式，实施"多元动态、双向交互"的教学评价。经过教学研究和实践，专业教学资源库面向全社会开放，提供了丰富的学习资源，在职业院校、行业企业中广泛应用。山东省动物卫生监督所、山东省动物疫病预防与控制中心、上海动物疾病预防控制中心、潍坊市出入境检验检疫局、伊犁哈萨克自治州进出境检验检疫局等 11 家行业协会广泛使用资源库建设的行业技术标准、新技术与政策法规等资源，助推行业新型农民培训、村级防疫员培训、动物检疫员培训。如山东省动物疫病监督所等部门已借助资源库资源培训村级防疫员 10 000 多人，山东省动物检疫检验工职业技能竞赛考前培训 2 000 多人，山东省动物防疫职业技能竞赛考前培训 2 200 多人；山东省农业农村厅、人社厅培训新型农民 3 000 多人。山东华夏维康农牧科技有限公司、江苏益客食品有限公司、黄山德青源种禽有限公司等 50 余家企业使用资源库建设的企业资源、企业案例、新技术、新工艺等资源为企业在职职工提供培训，采用资源库提供的新技术新工艺新标准 100 余项。江苏益客食品有限公司借助资源库，结合企业发展需求，成立益客商学院、云禽大学，线上线下培训职工，着力打造"产品经理人""接班人""创业合伙人"，培养具有"领袖"精神的企业家团队和创业团队。

（3）精选素材构建实用课程，满足职业农民个性化需求。

湖南生物机电职业技术学院"南方水稻"课程通过升级改进，借助智慧职教平台推出职教云 APP2.0 后，极大地方便了资源库课程的推广应用，特别是开办农民培训方面，有如鱼得水之势。将专业教学资源库的资源推荐给新型职业农民，并跟踪技术指导，常年培训农民 8 000 名左右。近些年来，参培农民已经不满足于课堂上教师所讲作物的栽培管理技术，曾经培训过的农民也经常返校咨询一些个性化的问题。针对这一现象，湖南生物机电职业技术学院除进一步加大个人指导外，还从智慧职教平台中精选了 32 门作物生产技术专业的教学素材重组课程，例如双季双机插水稻品种搭配方案、彩叶稻选种、稻播种技术、有机稻绿色防控技术、油菜苔关键生产技术、鲜食大豆关键生产技术、叶用甘薯关键生产技术、稻田除草技术等短小精悍课程，开展各类临时班次共计106个。课程重组后，远程指导农民安装职教云 APP 后很快就能上手自学，极大地方便了农民农技的提升。

（4）田间建课堂，培育新农民。

辽宁农业职业技术学院牵头的园艺技术专业教学资源库，通过政校行企深度合作，借鉴国外先进职教理念，针对专业及职业岗位要求，提供现行园艺产业动态、政策法规、生产案例、行企动态等大量优质资源，借助资源库平台，实现课堂教学与田间生产相结合、在线学习与企业实践相结合、技能实操与虚拟仿真相结合，教学资源与企业需求有效对接，打破传统教学的时空界限，构造跨时空集成的云资源和云教学，为从业人员技能提升提供支持。团队积极推动新型职业农民培训资源库为新型职业农民学习园艺基础知识、掌握实用技术、提升职业素质、了解政策法律和解决生产问题等提供大量的素材、载体和平台，丰富的视频、动画、微课等教学资源特别适合新型职业农民培训。同时，结合新型职业农民培训、新型农场主培训、农业中高职青年教师培训等各类培训活动，推广使用资源库的建设成果，引导学员注册登录使用，每年培训农民 1 000 人次以上。仅江苏泗洪县江苏绿港集团就利用职业教育园艺技术专业教学资源库举办了 28 次专项技术培训，培训达 500 多人次，及时推广诸如草莓、葡萄立体种植及果树、蔬菜生产前沿技术。园艺技术专业教学资源库已然成为新兴产业职业农民培训、技术推广和服务的"百宝箱"。

3.4　服务文化传承与创新

文化是国家的"软实力"，是推进国民经济发展的重要力量，是综合国力的重要组成部分，它代表着一个国家的精神文明程度以及发展水平和高度。随着人民生活水平的提高，文化精神生活成为人们日常生活中不可缺少的一部分，满足人民群众日益增长的精神文化需求、传承和弘扬中华民族先进文化在当今显得尤其重要。

在深入推进中华优秀传统文化全方位融入职业院校教育的大背景下，国务院办公厅于 2019 年相继推出《关于实施中华优秀传统文化传承发展工程的意见》《国家职业教育改革实施方案》一系列文件，为高职院校在传播中华优秀传统文化、传承民族技艺方面的工作指明了方向。2021 年 4 月，习近平总书记对职业教育工作做出重要指示强调，加快构建现代职业教育体系，培养更多高素质技术技能人才、能工巧匠、大国工匠。各级党委和政府要加大制度创新、政策供给、投入力度，弘扬工匠精神，提高技术技能人才社会地位，为全面建设社会主义现代化国家、实现中华民族伟大复兴的中国梦提供有力的人才和技术支撑。

民族文化传承与创新专业教学资源库建设十几年来，通过持续不断地搜集整理、保护、传承、创新非遗文化项目、民族传统技艺等，共建设了中华茶文化、陶瓷文化、中国烙画艺术等民族文化传承与创新子库22项（见表3-1），基本覆盖我国历史悠久、独具中华文化传统特色的各个行业。在教育部统筹规划和有力推动下，以职业院校为主体，汇聚政校企行多方力量，整合、优化、保护、传承非遗资源，创新非遗传承技艺技法、人才培养模式，依托技能大师工作室、技能培训中心，构建虚拟仿真中心、数字博物馆、传承创新基地、虚拟展厅、大师访谈录等数字交流平台，创新传承模式，拓宽传承对象，增强了民族文化自信，促进了文化交流融通。

截至2021年12月31日，民族文化传承与创新子库建设近708门标准化课程，微课14 591门，各类素材387 246条，视频时长23 287 713分钟。累计注册人数达1 201 457人，教师访问量达14 205 118条，学生访问量达471 923 854条，学生日志达471 923 854条，企业用户（企业单位）达40 116个，国内社会学习者达38 734人；国家级、省级技能大师及非遗传承人约500人；职业技能鉴定与培训中心18个，1+X证书培训及职业资格证书8个，数字博物馆18个，实训基地7个，传承创新基地1个，虚拟仿真中心（平台）5个，典型工作任务（技能训练包）约1 361个，在线体验中心1个。在资源库建设过程中，各子库在特色资源、专业建设、技艺传承、宣传推广、技术研发、创新创业、思政课程、职业技能培训、1+X证书、对外文化交流与技术服务等诸多领域取得丰硕成果。

表3-1　民族文化传承与创新子库

序号	国家级资源库子库名称
1	徽派技艺传承与创新
2	"一带一路"贸易文化传承与创新
3	陶瓷文化传承与创新
4	古建保护技艺传承与创新
5	中华茶文化传承与创新
6	中国烙画艺术传承与创新
7	中华老字号
8	珠算传承与创新
9	中国传统金属及泥塑工艺美术
10	烹饪工艺与营养传承与创新
11	民族音乐（表演）传承与创新
12	中华刺绣
13	中国丝绸技艺民族文化传承与创新
14	百工录：中国工艺美术非遗传承与创新

序号	国家级资源库子库名称
15	中国戏曲表现艺术传承与创新
16	江南园林文化及造园技艺传承与创新
17	少数民族服装与服饰传承与创新
18	传统手工业（非遗）技艺传习传承与创新
19	扬州"三把刀"文化及传统技艺传承与创新
20	儒家文化与鲁班工匠精神传承与创新
21	中华酿酒传承与创新
22	针灸推拿传承与创新

3.4.1　传承与保护民族传统文化

中国传统文化资源丰富，分布在全国不同区域，因地域、民族文化的不同而各具特色。许多依靠口授和行为传承的文化遗产正在不断消失，许多传统技艺濒临消亡，大量有历史、文化价值的珍贵实物与资料遭到毁弃或流失海外，随意滥用、过度开发非物质文化遗产的现象时有发生。加强我国非物质文化遗产的保护刻不容缓。民族文化传承与创新专业教学资源库，将传统文化遗产转换成数字文化形态，从单一封闭的师徒（或家族、作坊）传承向多元开放的院校传承模式（学校传承、社会传承和校企联合传承）转变，将文化的活态传承与职业教育有机整合在一起。

民族文化传承与创新专业教学资源库建设以来，通过资源库平台汇聚政校企行多方力量，应用数字媒体技术，共建宽视野、大容量、全开放、多互动、可更新的民族文化传承与创新教学资源。利用各子库丰富而独具特色的学习资源，伴随智能移动终端的应用与推广，实现了民族传统文化相关资源的深度融合，达到职业教育与非遗项目双向互动、协同发展，项目建设取得了重大成果。

（1）梳理中华老字号历史文脉，保护传承中华老字号文化遗存。

北京财贸职业学院主持建设的中华老字号文化传承与创新专业教学资源库梳理了中华老字号历史渊源、传承人物、核心品牌、非遗技艺，保护传承中华老字号文化遗存。利用现代信息技术，建成了一个融历史性、知识性、技艺性、趣味性于一体的，承载中华老字号文化传承与创新功能的共享、互动、开放的优质教学资源体系。该库对一些面临消失企业老字号的历史资料，进行发掘、收集、整理、汇编，通过提炼出中华老字号包含的精湛技艺、经营谋略、管理模式、诚信服务等文化内容，弘扬传承了源远流长的中华老字号文化。中华老字号文化子库内容涵盖了医药行业、食品行业、饮食行业、手工行业等主体行业，充分展示了老字号的丰富内涵与深厚的文化底蕴，为保护和传承中华老字号的文化遗产做出了应有的贡献，也为职业教育的教学提供了丰富的教学资源。

（2）传承千年制瓷技艺，弘扬陶瓷非遗文化。

唐山工业职业技术学院、江西陶瓷工艺美术职业技术学院、湖南工艺美术职业学院共同主持建设的陶瓷文化传承与创新专业教学资源库，以"承载陶瓷文化、传承和保护非遗技艺、培养陶艺大师"为原则，聚焦"技艺传承，绝活抢救，数字融入，新品开发，文化传播"传承技艺内容，面向陶瓷行业进行绝技绝艺传承，传播推广陶瓷非遗文化。联合全国 17 个省份的 35 所职业院校和陶瓷企业，按照"一馆、两库、三中心"的建设思路，基于智慧职教平台的现代信息技术手段进行陶瓷文化传承与创新专业教学资源库构建。通过挖掘整理陶瓷非遗技艺，采用数字采集、数字储存、数字处理、数字展示、数字传播等技术，将非物质文化遗产转换、再现、复原成可共享、可再生的数字形态，并以新的视角加以解读，以新的方式加以保存，以新的需求加以利用，进行陶瓷非遗的数字资源开发和保护，为学院的专业教学提供丰富的教学资源。

（3）整合非遗文化资源，实现非遗技艺活态化传承。

苏州工艺美术职业技术学院主持建设中国工艺美术非遗传承与创新专业教学资源库。2015 年，桃花坞木刻年画社承接了桃花坞木刻年画印制技艺国家级非遗代表性传承人房志达抢救性记录的工作任务，根据《国家级非物质文化遗产代表性传承人抢救性记录工作规范（试行本）》要求，组建了专业团队，编制了资源数字化采集方案和计划，启动了对传承人房志达的非遗技艺抢救性记录。

桃花坞木刻年画印制技艺数字化资源采集团队，以非遗传承人房志达为主角，以年画印制的非遗技艺为主体，从历史文献中梳理技艺传承的脉络，从房志达的口述生平中整理非遗保护的历程，从非遗技艺的教学实践中总结技术要素，辅助以与年画印制技艺相关的工具、材料、图案和文化为重要补充，用文字、图片、音频、视频和多媒体交互等方式，对传承人房志达的基本信息、从业经历、技艺特长、传承教学等进行原汁原味的真实记录，立体构建与呈现了年画印制非遗的技艺知识体系，保证了非遗技艺知识的活态化传承，完成了非遗技艺隐性知识显性化的社会化阶段与外化阶段。

3.4.2 创新与发展民族传统文化

回溯人类文明的发展，科技与文化一直都是时代发展的主旋律。文化积累推动科技发展，科技进步促进文化繁荣，将传统民族文化资源数字化，数字化资源教育化，实现了民族传统文化从本体保护向内容保护、传承、传播、创新转化，引进、培养民族文化传承创新人才。聚合传统技艺、民俗文化等非物质文化遗产资源，采用积件方式组合成相关课程教学载体，推动民族文化从平面传播向交互立体化传播。搭建传统文化推广平台，创新非物质文化遗产传承模式，以动画、视频等形式展示传统文化，使学习者足不出户就可以学习到优秀的中华传统技艺与文化，为非物质文化遗产的保护、传承、创新搭建交流平台。

（1）开发移动应用资源，实现传承模式信息化。

北京电子科技职业学院主持的中国传统金属及泥塑工艺专业教学资源库充分发挥职业教育在民族文化传承创新中的基础作用、服务作用和促进作用，将资源库建设任务与教科研融合、与课程整合、与师生创作结合，探索并形成了"专业首艺、大师传艺、学生学艺、师生用艺、社会展艺、多方弘艺"的"六艺"一体民族文化传承创新教育教学模式，不断完善"走、看、知、临、悟、用"的"六步"融合学习方法，不断实践"学、做、用、展、演、销"的"六维"贯通艺术设计育人机制，不断促进民族文化从单一的本体保护向内容保护、技艺传承、大众传播、应用创新等立体化传承与创新转化。数字化保护把碎片化、庞杂的民族技艺整理成规范、系统、科学的教学资源，解决可学、易学、乐学的民族文化资源不足及优质资源共享不畅的问题；教育化传承改变非遗传承脆弱的传统方式，探索民族文化传承学校教育新模式。该库开发了基于苹果、安卓系统的惠山泥人、聂家庄泥塑、北京风筝、潍坊风筝、民间陶瓷 5 个互动体验型 APP 应用程序，多维度呈现非遗技艺、典型作品细节。沉浸式交互体验，在娱乐中学习。重点开发了云南斑铜、杭州铜雕、白族银饰、大吴泥塑、民间皮影、民间陶瓷、民间风筝、民间织染等 18 项电子读物。开发了惠山泥人、鹤庆银饰、大吴泥塑、石湾公仔、民间皮影、民间陶瓷、民间风筝、民间织染等 13 个项目的基于微信传播的 H5 应用页面。通过微信公众平台发布民族文化相关信息资源，供广大微信关注用户阅读、学习和交流，上线至今已发布民族文化相关信息 385 条，用户遍及北京、云南、广东、山东、贵州、湖南、陕西、河北、浙江、内蒙古等 31 个省份的专家学者、行业技能大师、学校教师等近千人。

（2）利用"三馆""三平台"特色资源，将鲁班工匠精神融入教育教学。

济宁职业技术学院、中国孔子研究院、山东城市建设职业学院共同主持建设的儒家文化与鲁班工匠精神传承与创新专业教学资源库，利用"三馆"（孔子文化馆、鲁班文化馆、非遗手工坊），将儒家文化、鲁班文化、工匠精神通过"三平台"（实践平台、培训平台、国际交流平台）融入教育教学。资源库通过孔子文化厅（孔子圣迹厅、孔子六艺厅、儒家经典诵读厅、祭孔大典体验厅和儒学大讲堂、圣贤圣景厅）系统收集整理了儒家文化历史沿革与社会贡献，制作相关视频、动画、VR 与图片，梳理文献典籍与儒家先贤等资料，开发虚拟体验系统，实现线上体验与网络共享；通过建设鲁班文化馆、中国古建筑构件收藏展厅、传统建筑技艺体验区、建筑业施工工法和前沿技术展厅、善建者（大国工匠）风采展厅、鲁班名师讲堂实现将建筑技艺全景展示；通过非遗手工坊建设以非遗作品、非遗技艺、传承风采、非遗大讲堂、线上体验等多种形式为四类用户提供交流学习空间，帮助四类用户感受精彩非遗，促进优秀民族文化传承创新。

资源库依托研修学习基地和社会实践基地等实践平台，开展现场教学与社会实践；建设儒家文化与鲁班工匠精神融入的"新六艺""特六艺""专六艺"社团，开展特色实践活动；以"新生入学季、日常学习季、实习实训季、寒暑假季、传统节日季、就业毕业季"为主线，提供六大模块精品活动自助餐，为用户提供体验式教学。

通过搭建培训平台实现针对优秀传统文化师资培训、非遗传承人培训、青少年研学游培训的各类学习用户技能培训；通过搭建国际交流平台，利用平台中儒文雅技馆开发中国传统文化及非遗文化教学标准、课程标准，研发儒家文化、演说论语、非遗等多语种学习模块，开展经典儒家文化等优秀传统文化类教材和专著的编译工作；利用交流互鉴中心的儒家文化资源，通过寒暑期访学及短期研修等项目，定期举办中外学生文化互访交流活动，线上线下相结合开展论语、儒家文化、非遗等中国特色文化课程学习及培训，提供展示师生海外交流活动的平台，打造国际文化交流品牌。

（3）非物质文化遗产项目融入专业课程，提升民族文化传承高度。

北京电子科技职业学院主持建设的中国传统金属及泥塑工艺美术子库，以传承民族文化为宗旨，以专业教学资源库建设项目为载体，大力发展"民族化"设计，挖掘传统造型思维，丰富设计手段，体现时代特征。各专业将国家级民族文化传承与创新教学资源库项目传统金属工艺和泥塑的十七种非物质文化遗产融入毕业设计课程，进行多媒体网站、网络产品、影视动画、生活用品等文化创意产品设计开发。

多媒体设计与制作专业融合民族文化资源，以现代媒体手段，将传统泥塑和金属工艺等项目进行多媒体产品和网络产品开发，在专家指导下设计开发了基于移动终端的电子出版物。产品设计开发中传统与现代相结合，技术与艺术相统一，注重内容与形式的辩证统一，关注用户体验，将设计细节做到极致。多媒体产品《敦煌》以庞大的内容载体和互动性强的技术手段展示了中国敦煌莫高窟灿烂的民族文化。

数字媒体艺术设计专业将十七种非物质文化遗产进行动画短片和影视合成制作。《老北京娱乐—耍坛子》《惠山泥人》《凤翔泥塑》《景泰蓝》《天津泥人张》《芜湖铁画》《保安腰刀》《龙泉宝剑》等十余部优秀作品从新颖独到的视角，运用镜头语言展现了多元化的作品呈现方式，获得行业专家好评。

学生的作品具有跨界时尚前沿性，将传统民族文化元素如凤翔泥塑图案、景泰蓝纹饰、泥咕咕造型等应用在瓷器、靠枕、箱包、服装、文具、印章、手机壳、头饰等产品中，真正实现了民族文化的再设计应用。通过传统艺术文化项目的开发，让学生感知、认知中国传统文化艺术。通过制作实物，学生的社会调查和成本意识、专业能力、实战能力、团队合作能力、创意和制作能力得到了极大的提升，体现了高等职业教育加强技能培养的目标。通过毕业设计作品的创新实践，将民族文化传承提升到一个新的高度。

（4）校企行融通，创新徽派技艺传承模式。

安徽工商职业学院、安徽机电职业技术学院、合肥职业技术学院共同主持建设的徽派技艺传承与创新专业教学资源库，联合徽派技艺知名企业、行业协会，以资源共享为纽带，构建行、企、教、研、作一体的融通平台，培育国家级大师工作室，成立技艺工作坊，开展学徒制，培养工匠精神，取得显著效果。安徽机电职业技术学院引进铁画企业，建设铁画教学实训基地，积极探索"三引三推"的现代学徒制人才培养模式，铁画教学实训基地作为芜湖市中小学传统文化教育基地、国内多所学校社会实践基地、安徽省博物院铁画研究基地等，每年接受国内外 1 000 以上人次参观访问。

依托资源库优质教学资源，将徽派技艺对接专业，全面构建系统化课程体系。与行、企、馆、所等联动，与技艺大师、技艺企业等共同开发核心徽派技艺课程，实现产教融通、合作育人。设立徽派三雕技艺大师工作室，引进徽雕技艺大师、非物质文化遗产传承人。安徽工商职业学院还从研发层面成立了"工艺美术研究所"，建立了"陶瓷艺术工作坊"，构建"一坊多站"，"纵向贯通，横向融通"的经纬脉络，成为培养陶瓷技能的"蓄能站"。

（5）挖掘、整理非遗技艺，全力打造"新湘绣"。

湖南工艺美术职业学院主持建设了中华刺绣专业教学资源库，基于资源库平台成立了非遗保护研究中心，挖掘、整理非遗技艺，承办湖南省非遗生产性保护研修班、工艺美术发展高峰论坛，组织教师开展非遗专题研究，多途径挖掘非遗核心价值。成立了画家、设计师领衔的艺术创新研究会，组建了大师领衔的工艺创新团队，建立了创新研发责任机制、激励机制和成果共享机制。在坚守非遗精髓的基础上，从题材、设计、工艺技法、材料、装裱、衍生品开发等方面进行创新研发。建立了集湘绣传承保护、专业人才培养、产品研发、企业员工培训于一体的国家级非物质文化遗产·湘绣保护与传承基地。资源库致力湘绣的传承与创新，从绣稿创新、针法创新、技法创新、材料创新、装裱创新、应用创新等方面全力打造了"新湘绣"，已研发出 300 余幅"新湘绣"作品，推出湘绣新工艺新技法 16 项，在"新湘绣馆"中的新湘绣展厅集中进行了平面展示，并在三维"新湘绣馆"中进行立体化展示，为企业的新产品开发指明方向。企业可以根据学校定期发布的创新作品的类型，结合自身情况进行新产品的开发。

（6）传承传统民间技艺，首创"淡彩木板烙画"新技术新工艺。

河北工业职业技术大学（原河北工业职业技术学院）、**金华职业技术学院**共同主持建设的中国烙画艺术传承与创新专业教学资源库，紧贴国家急需的非物质文化遗产保护、传承和创新需求，以独具特色的传统民间手工艺创新为切入点，在创作题材中选择与时代接轨的标志性题材，使木板烙画艺术、纸烙画艺术、布烙画艺术、葫芦烙画艺术、木板拼花艺术等传统民间工艺得到保护，并且通过工艺创新、艺术形式创新，全面提升传统烙画的现代艺术价值，助力烙画产业升级。

该校工艺美术大师张朋军教授以淡彩木板烙画技术中淡彩（水彩国画、丙烯颜料）在椴木板材表面染色技术控制为技术技能创新点。通过罩染不同颜色的层次，把控水分的比例，调整电烙铁的温度，形成了特殊肌理变化，达到了特殊艺术效果。该艺术风格以淡彩为主，烙制为辅，多层次渲染呈现出的颜色变化微妙、通透、质感强烈。在既保持烙画艺术本身所呈现的棕褐色画面效果的同时，又具备西方油画、水彩、版画等丰富的艺术表现力。作品最终呈现出的淡雅、色彩丰富、细腻等艺术特色在当今烙画艺术行业属于首创。开创了木板烙画制作新纪元，创新烙画技艺技能知识体系，为烙画发展注入新活力，助力了烙画产业升级。首创"淡彩木板烙画"概念在各地推广，已得到业内广泛认可，作为烙画技艺创新典型人物，已被各大媒体相应报道。

（7）多管齐下，推动古建廊桥技艺传承与创新。

浙江建设职业技术学院、上海城建职业学院、山东城市建设职业学院联合主持建设的古建保护技艺传承与创新专业教学资源库，从古建保护技术创新出发对历史遗留古建廊桥实体进行保护和修缮，为古建廊桥长久留存和逐步修缮提供技术支持：线下与省内多名古建廊桥专家合作，联合吴复勇大师工作室、胡淼大师工作室、温州市非物质文化遗产中心、浙江省亚厦建筑装饰新材料与工业化研究院等研发平台，围绕浙南古廊桥技艺传承开展研究；对浙南地区木拱廊桥营造技艺传承人进行访谈，收集素材，完成浙南木拱廊桥非遗传承人的口述实录；与2名浙江廊桥技艺传承人合作成立廊桥研究工作小组，在梳理浙南廊桥传承体系和脉络，研究廊桥营造、保护、修复技艺的传承手段及方式上取得了较多研究成果。

在古建廊桥技艺传承方面，对非物质文化遗产——廊桥营造技艺进行继承和发扬，培育优秀的古建技艺传人，为廊桥等古建的修复和再利用提供支持。利用资源库平台中标准化课程、微课、技能培训包等海量资源进行线上学习古建知识；利用资源库平台线上开展古建廊桥大师讲座，推广木拱廊桥技艺；线下利用学院与美国贝茨技术学院合办的"建筑设计—中美合作项目"、与菲律宾合办的中菲"一带一路"丝路学院，开展国际交流、培训、游学，进行古建廊桥技艺宣传推广；依托技能大师工作室"吴复勇大师工作室""胡淼大师工作室"等方式进行廊桥技艺培训；协同丽水非遗中心、吴复勇大师、曾家快大师等完成了多座廊桥的重建修缮工作，完成了服务地方的廊桥保护和其他地方古建保护项目10余项；组织举办"格物杯"艺术大赛，激发学生浓厚的学习兴趣；利用微信公众号、杭州电视台钱塘论坛等网络媒体平台，多种角度宣传推广古建廊桥营造技艺。

平台联合多位浙南廊桥手工技艺传承人致力于浙南廊桥保存和修复的应用技术研究，发布了《浙江庆元咏归桥、步蟾桥、白云桥测绘报告》，出版了《廊桥 申遗 缘起——浙南廊桥的现状及保护应用研究》《浙南廊桥装饰细部研究》《廊桥营造》《浙南木拱廊桥传承人口述实录》等多本专著，梳理组成木拱廊桥的三节苗、五节苗、桥板苗等三套结构系统的特征，构建浙江廊桥保护标准体系，提出了一系列的木拱廊桥保护策略和申遗思路。

（8）注重技艺传承，弘扬酿酒文化。

江苏食品药品职业技术学院主持建设了中华酿酒传承与创新专业教学资源库，建成了包括酒的源流，酒的典故、酒礼酒俗、酒具酒器、酒与文艺、名酒荟萃六部分于一体的酒文化数字博物馆。

酒文化数字博物馆追溯了中华酿酒的起源，按照历史的进程，记录了不同时期酒的演变与发展；系统收集了自古以来不同酒的别称，并根据酒的形状、造酒者、官衔等进行了分类；汇总知名白酒的起源与发展；根据各省份的白酒品牌，绘制了中国白酒地区分布图，并制作成优质视频资源；阐述了中国十二大香型白酒的起源与发展，并详细介绍了各香型的品牌代表；介绍了与农耕紧密结合的酿酒器具的演变，饮酒助兴的盛酒器具的发展，以及富有灵性的藏酒之器的妙变；科普了不同节日、不同民族、不同事由的饮酒风俗；挖掘了与酒息息相关的典故和名人逸事；梳理了酒令的发展，展示了独特的富有诗意和情趣的中华酒文化。酒文化数字博物馆是传承和弘扬中华酿酒文化的有效载体，使学习者领悟到酒中学问的醇厚，透过酒文化看到中华传统文化的博大精深，从而增强了国人的文化自信和对传统文化的认同感。

传播中国优秀文化，为世界讲好中国故事。联合国教科文组织提出跨文化教育就是为了维护世界和平与发展，努力增进世界各国交流与融通。民族文化传承与创新专业教学资源库各子库通过资源库平台投射到广泛的互联网＋学习、交流、互动的共享学习场景中，赋予更多传承与交流能量，通过传播与交互过程汇总，增强民族文化自信；通过非遗文化艺术以及优秀民族文化技艺丰富的颗粒化教学资源来搭建教学与技能培训平台，具体包括资源库中的"互动交流""海外专栏""中外交流""新丝路学院""国际交流中心""一带一路"文化传播中心等多种形式，传播与输出中华优秀传统文化，为企业培养培训海外人才，推动中国职业教育模式和理念、设置标准和人才规格向国际输出，实现世界文化交流与共享、融通与互惠互利。

（9）搭建国际交流平台，传播茶文化。

广西职业技术学院、浙江农业商贸职业学院、湖北三峡职业技术学院共同主持建设的中华茶文化传承与创新专业教学资源库，以"中华茶文化"为主线，选取茶产业链上各环节相关的各级非物质文化遗产，建设茶文化相关茶史、茶人、茶事、茶语、茶技、茶艺、茶器、茶品等颗粒化素材资源，构建以"五库、一馆、二中心"为架构的茶文化职业教育专业教学资源库。

聘请茶领域中国工程院院士陈宗懋、刘仲华作为国家高水平专业群顾问，以韦洁群国家六堡茶大师工作室、黄秀兰茉莉花茶大师工作室等茶文化大师工作室为平台，充分发挥技艺大师在文化传承活动中得天独厚的优势，设计、策划并推广精品社团活动，指导学生社团开展茶叶品鉴、茶艺表演（无我茶会、长嘴壶、中华茶艺等）、茶膳制作、茶叶包装、茶叶营销等技能竞赛活动，将茶文化贯穿于学生各项学习活动中，"以文化人"，提升学生文化自信，全力打造学校以茶文化为底蕴的"思茗"文化品牌。

资源库开发东盟茶文化交流特色课程资源，为东盟国家留学生、交换生、短期培训生提供学习中华茶文化的资源，用于国际文化交流，向世界传播中华茶文化，满足国际留学生、交流生、茶叶科技人员等开展茶文化体验和培训活动，扩展茶文化在东盟国家的传播。

（10）加强海外应用推广，助推"一带一路"沿线国家贸易文化交融。

江苏经贸职业技术学院、黎明职业大学共同主持建设的"一带一路"贸易文化传承与创新专业教学资源库通过"一馆""一中心""一平台""一基地"等特色板块资源建设，借助线上线下的"电商谷"海外基地，依托中国商业史学会的"一带一路"专业委员会、"一带一路"现代商贸流通职教联盟等平台进行海外推广，输出贸易文化相关课程标准、课程资源，提供职业教育的中国模式和中国方案，形成新时代职业教育的"丝绸之路"。

通过依托泉州海外交通史博物馆、郑和宝船厂遗址博物馆实体馆藏，建设线上线下于一体的海外交通史博物馆，挖掘舟船文化、民俗文化、贸易文化，建成"一带一路"海外交通史博物馆线上虚拟馆。

依托"电商谷"柬埔寨中心等国际项目以及"一带一路"现代商贸流通职教联盟等国际合作资源，建设融国际化人才培养、贸易文化交流相结合国际交流中心。依托两个主持院校已有贸易文化传承基地，整合行企馆校资源，聘请非遗传承人，共建线上线下体验区，非遗衍生品区等，提供创新创业空间，孵化创新、创意、创业成果。

建设"南京云锦""海丝集镇"2个线上线下基地，面向社会学习者特别是中小学生，应用现代信息技术，开展贸易文化素养养成教育，将基地建成非遗技艺传承与创新传播、学习的场所，培养学生的民族精神、爱国主义精神。

（11）以中国丝绸技艺为纽带，连接新丝绸之路。

苏州经贸职业技术学院、江苏工程职业技术学院共同主持并联合了9家高职院校和中国纺织教育学会、中国丝绸协会、高等教育出版社、杭州万事利、中国苏绣艺术馆等15家行业企业共同建设中国丝绸技艺民族文化传承与创新专业教学资源库。以丝为纽带，融"丝语、丝技、丝人、丝韵、丝路"资源模块构建"三园地一中心"的体系，凸显工匠精神与家国情怀。以蜀锦等手工艺以及行业企业资源为培训内容，服务乡村振兴；以双语化资源，服务"一带一路"；以中国丝绸技艺为载体，以文化为根本，助力建设数字"丝绸之路"，创新"丝绸之路"。

中国丝绸技艺是千百年来"丝绸之路"上辉煌的明珠，古时农桑并重开拓了丝绸之路，如今国家倡议"一带一路"，其中凝聚了中华民族的伟大智慧。**苏州经贸职业技术学院**分别与伊尔福夫省巴尔布职业技术学院和杜米特鲁职业技术学院签署《中国江苏—罗马尼亚伊尔福夫省职业教育国际合作框架协议》，探索共建"新丝路学院"，合作内容包括汉语教育、专业教学、合作办学、师生交流、留学游学、实训实习等方面。在中罗两国纺织服装行业协会与企业跨境贸易合作基础上，引进行业标准，开发企业课程，以"汉语＋专业＋产业"的形式开设校企合作订单班，通过校际学分互认和课程共建，联合"走出去"中资企业开展技术技能培训和学历教育，共同培养服务国家"一带一路"建设和东欧"16＋1"合作项目的高素质技能型人才。

3.5　服务对外交流

习近平总书记在十九大报告中指出，积极促进"一带一路"国际合作，努力实现政策沟通、设施联通、贸易畅通、资金融通、民心相通，打造国际合作新平台，增添共同发展新动力。随着"一带一路"倡议提出，我国职业教育领域积极探索"走出去"，在共商、共建、共享的原则下，实现共同繁荣，共同构建人类命运共同体，其中人才是"一带一路"建设的支点和关键。在中国职业教育"走出去"的过程中，"本土化"探索以及"走出去"的实践，离不开具有国际视野的专业化师资、满足国际化功能实现的专业资源，203 个国家级职业教育专业教学资源库在构建职业教育办学新机制、探索职教人才培养新模式、改革职业教育教学新方法、实施职业教育品牌建设、搭建对外开放交流平台等方面起到了非常重要的作用。

3.5.1　完善职教国际交流机制

在"一带一路"背景下，一大批具有实力的中国企业实施"走出去"战略，在政治、经济、民族、文化不同的国家或地区承接项目、开办企业等，职业教育专业教学资源库主持院校和参建院校积极作为。一是加强了与政府、学校之间的沟通协调。双方通过资源库平台达成合作办学中的共识，为职业教育对外开放畅通政策通道的同时，加强了政府之间的沟通，凝聚了与国外教育主管部门、合作机构等的双边对话交流；二是加强了校企一体化办学。资源库建设单位紧密契合企业的具体需求，实施精准化办学；同时，资源库充分发挥跨越时空、集成教学资源和教学环境优势，伴随中国企业"走出去"，在海外办学、为企业开展员工培训，企业走到哪里，人才培养培训就办到哪里，推动了中国职业教育理念、标准和人才规格等向国际输出；三是加强了国际化人才培养内涵。双方合作开办办学机构或者单独在国外设立办学点，探索国际学生培养模式和路径，通过共同制订人才培养标准、制订课程方案等，深化了双方合作的内涵。

通过资源库的建设与应用，搭建联盟、国际学院等职业教育国际化信息平台，共建共享优质职业教育资源；举办国际职业教育发展论坛，分享各国职业教育发展的经验，促进了国际职业教育政策分享；借助信息技术的便利性，进行专业、课程、师资、教学、培训等方面的交流和合作，在降低职业教育合作与交流的门槛，促进全球职业教育信息的实时沟通与共享，实现共同发展等方面发挥了极其重要的作用。

深圳职业技术学院、南京信息职业技术学院、石家庄邮电职业技术学院联合主持建设的通信技术专业教学资源库，紧扣国家发展战略，充分利用区域与自身优势，深化国际教育交流与合作。主持院校深圳职业技术学院通过资源库，在学生交换、课程合作、科研合作、短期研修等领域与境外合作院校开展了全方位、多层次、形式多样的国际交流合作，目前已累计与 26 个国家和地区的 150 余所高校和教育机构建立了友好合作关系，年均接待境外来访师生及外宾达 800 人次，为深圳乃至中国职业教育国际交流与发展做出了一定的贡献。资源库联合中兴通讯股份有限公司、招商局港口集团股份有限公司等一批世界一流企业"走出去"，服务国家"一带一路"倡议，在马来西亚建立了两个汉语语言文化中心，在保加利亚建立首家海外职业教育培训中心；加强与职业教育国际组织的合作，成为联合国教科文组织国际职教全球联系中心之一，获批成立联合国教科文组织职业教育计划亚非研究与培训中心。每年有来自 30 多个国家 200 余名留学生来深职院学习，其中超过 60% 来自"一带一路"沿线国家和地区。拥有国际商务（中澳）、金融管理（中澳）、物流管理（中美）和软件技术（中美）4 个中外合作办学专业，迄今已累计培养毕业生 1 246 名，为社会培养了大量优秀的国际化、复合型、高素质技术技能型人才。在对外交流合作中，深职院非常重视青年学生交流，并积极打造青年国际交流品牌项目，与境外十余所院校开展了交换生项目，定期派送学生赴俄罗斯、韩国、德国、以色列、美国、西班牙、法国、英国等的院校交换学习，学分互认；每年接受境外来校短期交流学生达 200 余人次；是首批获得招收海外留学生资质的高职院校和首个获批面向港澳台自主招生的高职院校，深职院与香港专业教育学院黄克竞分校合办电气服务工程高级文凭合作课程，毕业生可获得深港两地毕业资格。

南京工业职业技术大学（原南京工业职业技术学院）主持建设的机电一体化专业教学资源库，在中国教育部和赞比亚教育部、中国汉办等支持下，在赞比亚卢安夏设立了中国—赞比亚职业技术学院，标志着有色金属行业开展职业教育"走出去"试点取得重要成果。南京工业职业技术大学是我国首批 8 所"走出去"的高职院校之一。中国—赞比亚职业技术学院依托机电一体化专业教学资源库，不仅面向赞比亚青年开展三年制高等学历教育，也面向赞比亚的中资企业员工开展技能培训，很大程度上解决了当地中资企业用工难、文化融合难的问题。2017—2019 年，学校共选派了 10 多位骨干教师前往赞比亚开展专业教学及英语能力培训，已培训赞方员工 800 余人。2019 年 3 月 24 日，该校负责制定的机电一体化专业教学标准已获得赞比亚职业教育与培训局批准，是我国职业教育专业教学标准首次进入主权国家国民教育体系的成功案例。

广州铁路职业技术学院、郑州铁路职业技术学院联合主持建设的铁道供电技术专业教学资源库，对接东南亚、非洲、粤港澳大湾区，打造国家示范性职教集团。面向东南亚、非洲和中欧大陆等"一带一路"沿线国家和地区，实施服务"一带一路"倡议和"中国高铁"走出去助力工程，打造亚欧高铁合作学院、东南亚职业教育中心、高铁技能培训中心 3 个合作平台，为"一带一路"和高铁走出去提供技术支持和服务；主动对接产业升级，加强与行业企业联动，实施服务"粤港澳大湾区"—智慧交通体系建设支持工程，构建湾区复合型技术技能人才培养服务体系、应用技术协同创新服务体系、高端技能培训服务体系 3 个服务体系，推动新一代信息化技术与轨道交运维体系的融合创新；紧贴轨道交通、先进制造、电子信息等工业与交通类产业，实施服务国家教育现代化—优质教学资源共建共享工程，建设国家级专业教学资源库、国家专业教学标准、国家职业技能等级证书试点 3 个教学资源，为国家建设灵活开放的终身教育体系，为中国铁路教育培训体系走向世界提供条件和保障。

江苏经贸职业技术学院、黎明职业大学联合主持建设的"一带一路"贸易文化传承与创新专业教学资源库，充分发挥自身优势，与澳大利亚北悉尼 TAFE 学院合作，签署 MOU（谅解备忘录）协议，引进并优化电子商务专业 8 门优质课程资源，联合制定电子商务专业国际化教学标准，并借助中泰合作"中文＋职业技能"项目，向"一带一路"沿线国家输出。在全国电子商务职业教育教学指导委员会（简称"全国电商行指委"）指导下，与柬埔寨工业技术学院合作，共建电商谷金边中心，依托该中心，广泛开展师生互动交流、课程资源共享、专业标准共建等教学活动，并将移动商务专业教学资源库等优质教学资源向东南亚国家输出，增进电子商务职业教育国际交流与合作，提升中国方案国际竞争力。

湖南科技职业学院、广西职业技术学院、湖北生态工程职业技术学院联合主持建设的室内艺术设计专业教学资源库,辐射"一带一路",共建国际课程。对接相关岗位职业资格及技术标准,搭建"样板房陈设专题设计"等10门标准化课程资源,依托马来西亚城市大学合作办学项目,引进其专业课程标准,共建室内陈设设计专题课程,重点开设公共空间设计等4门国际化课程。依托国家非物质文化遗产长沙铜官窑陶瓷烧制技艺省级传承基地,开发陶瓷设计制作课程,结合室内艺术设计传播中国非物质文化,完成室内艺术设计专业湖南省国际化专业教学标准的开发,适应室内设计行业的创意和设计服务调整升级,满足了行业人才在结构综合素质和质量上的更高要求;开展国际交流与合作,推动设计艺术国际文化交流,提升专业群的国际影响力。

3.5.2 创新国际合作培养模式

资源库的建设为"一带一路"倡议下职业教育人才培养模式的转变提供了强有力的保障,主要体现在以下四类人才的培养:一是具备国际化观念和全球化视野的国际型人才;二是具备基本的知识、技能、较高职业素养的复合型人才;三是与我国"走出去"企业技术自信和服务相匹配的技术技能型人才;四是与国际上职业教育发达国家的职业教育人才培养标准接轨,具有国际视野、国际观念的技术技能型人才。

南京科技职业学院、中国化工教育协会、陕西国防工业职业技术学院联合主持建设的精细化工技术专业教学资源库,充分发挥自身国际教育资源优势,以服务中国企业"走出去"为使命担当,以"培养国际高技能人才"为目标导向,以"国际理解、中国情怀、职教特色、全面发展"为价值标准,采用跨国双主体育人,创新构建出了"标准引领、平台支撑、文化交融、校企联合"的"外国留学生现代学徒制"人才培养模式。依托资源库平台,校企师资共同打造出一批核心课程、特色精品课程,并融入"走出去"企业对本土人才职业技能、职业态度和职业素养的要求,校企共同制定了招生(招工)资格标准、课程标准、教师(师傅)标准、实习(场所)标准及质量监控标准,并细化为招生、培养、就业等方面的指标,确保"洋学徒"的培养规范化,实现外国留学生招生培养就业一体化,有效缓解了中国"走出去"企业对本土高技能人才的需求,彰显出中国职教的实力与魅力。截至目前,"外国留学生现代学徒制"项目的留学生不仅实现了全部就业,薪资水平更是位居当地前列,为学校的国际教育新实践写下了完美的注脚,为高职院校外国留学生培养提供了可供借鉴的经验和路径,有效推进了高职院校外国留学生的教育教学改革,对推动中华文化"走出去"、提升国际影响力,具有很好的示范作用和广阔的推广前景。

唐山工业职业技术学院、武汉铁路职业技术学院联合主持建设的动车组检修技术专业教学资源库,协同中车唐山机车车辆有限公司,与泰国那空那育技术学院合作,建成中泰动车国际学院,共建了东盟高铁课程建设联盟,与中车唐山机车车辆有限公司共育高铁制造工匠,服务中国高铁"走出去",建立健全"服务企业走出去、开展国际培训、输出职业标准"的国际合作机制,深度融入国家"一带一路"倡议。将高水平专业群——动车组技术检修专业打造成具有国际化水平的专业，紧密对接高铁"走出去"企业的需求，一是聚焦人才需求，校企协同创新人才培养模式。校企双方共建动车产业学院，创新"学校夯实基础＋企业跟岗实践＋学校专业塑形＋企业顶岗锻炼"人才培养模式，为企业累计输送 1 000 余名高素质技术技能人才，百余名学生随高铁走出国门、走向世界。二是资源开放共享，校企协同建设资源库。校企联合将动车生产的真实工作任务、公司生产案例、发展历程、主要产品、特殊生产工具等产业素材融入资源库，使教学资源升级与高铁装备制造的最新发展同向同行。三是服务高铁"走出去"，校企协同共育国际人才。学院与中车唐山公司成立中泰高铁国际学院、中马高铁国际学院，以"中文＋职业技能"形式为当地培养本土化高铁制造人才，输出专业教学标准、课程标准等中国职业标准 10 套，服务当地高铁产业发展。面向泰国当地员工开展技术技能培训和学历职业教育，吸引泰国学生来中国留学，显著提升了中外合作办学水平，有效服务泰国东部经济走廊建设。

黄河水利职业技术学院主持建设的水利水电建筑工程专业教学资源库，紧跟服务"一带一路"倡议，在资源建设、运行机制和推广应用成果等方面，取得较好成效。开发的土木工程制图等 132 门课程标准被俄罗斯南乌拉尔国立大学、赞比亚职业教育与培训局采用；控制测量等 78 门课程标准被美国西北密歇根学院、赞比亚职业教育与培训局采用；机电一体化等 35 门课程标准被赞比亚职业教育与培训局、南非北联学院采用。同时，依托水利水电建筑工程专业教学资源库为赞比亚、赤道几内亚、印度尼西亚、老挝、南非等国家培训 500 余人，输出了中国水利建设理念、建设标准、专业教学标准及资源；成立赞比亚大禹学院培养国际人才，毕业生投身"一带一路"沿线国家水利工程建设。

福建信息职业技术学院、重庆电子工程职业学院、珠海城市职业技术学院共同主持建设的大数据技术与应用专业教学资源库，联合国内外 73 家单位共同组建了中泰职教联盟，以资源库建设和应用为契机，共商职业教育数字资源建设与共享合作新渠道，共同推进资源库在线课程在泰国上线及推广，完善运行机制，打造"中文＋职业技能"优秀课程建设，深入推进两国在合作办学、在线课程建设、师生交流、技能竞赛、校企合作等方面的交流合作，开展宣传推介，不断丰富和增强职业教育国际合作内涵，共同推进两国职业教育发展。

浙江交通职业技术学院、江苏海事职业技术学院联合主持建设的航海技术专业教学资源库，牵头中国与东盟国家交通类院校建设中国—东盟交通职业教育联盟，并将之打造成为中国与东盟职业教育合作重要品牌。2020 年，在东盟国家累计建成 20 余个境外分校、"鲁班学校"和技能培训机构，输出优质培训资源；联盟成员间开展教育人文交流 10 批次；签署合作协议 18 项，落地项目 13 项；全年共计对东盟国家本土技术技能人才培训达 5 200 余人日；面向东盟国家招收留学生总规模超过 1 200 名；年度输出 30 余项专业与课程标准、10 余项培训标准。在推动国家间的教育人文交流合作等方面做出了新的贡献。联盟启动构建"培养标准互认、课程互认、学分互认、学历互认、资格互认"的交通类职业教育合作框架，制定并实施了铁道工程、汽车工程、道路桥梁工程等 10 个专业国际学生培养通用标准；以国际交通人才培养为重点，探索实践"互联网 +"国际教育合作的新样态，打造共建共享的国际教育数字资源库，建设国际开放的在线教育教学课程资源，成果惠及东盟国家及其他国家。

3.5.3 促进职教国际品牌建设

资源库主持和参建院校联合国内外知名企业，与"一带一路"沿线国家共建"丝路学院""鲁班工坊"等教学基地，实施"走出去"和"引进来"策略，向"一带一路"沿线国家输出了中国方案和中国标准，丰富了职业教育资源库的内涵和外延，提升了专业办学的品牌效应，扩大了资源库在国内外的影响力。

在服务"一带一路"倡议下，职业教育教学改革要以广阔的国际视野，全面审视和提升当前我国的职业教育质量和水平，推进职业教育在专业建设、课程开发、教学模式、考核评价等方面的全面改革，使其达到国际认同的标准，这是职业教育对外开放的本质要求。在资源建设过程中，主持院校和参建院校依据不同国家或地区政治、经济、民族、文化、技术等的差异，双方联合进行课程开发；针对不同国家、不同类别学生个性发展、职业发展和人生发展的需要，采用不同的教学方法，提高教学的有效性。

宁波职业技术学院主持建设的物流管理专业教学资源库，积极响应"一带一路"倡议，结合自身国际化实践经验，以互利共赢为目的，建立多种合作平台，不断提升国际化高品质职教水平。一是在 2014 年与贝宁赛克学院（CER-CO）合作，共同筹建"中非（贝宁）职业技术教育学院"；二是在 2018 年与斯里兰卡职业技术大学共建"中斯丝路学院"，丝路学院设置了机械制造、旅游管理等专业，还开设了剪纸、茶艺等中国文化体验课程，搭起一个又一个讲好中国故事的新平台。宁波职业技术学院借助国际化平台，开设发展中国家港口管理官员培训，承办"发展中国家港口管理官员研修班""发展中国家职业教育管理研修班"等一系列教育援助项目，依托物流管理专业教学资源库为 41 个国家的学员提供培训，援助培训海外学员达到 3 300 多人，其中不乏发展中国家高级别政府官员，培训学员覆盖全世界 122 个国家。学校还借助这些平台吸引海外留学生，尤其是"一带一路"沿线国家留学生来学校学习，目前已经接受来自"一带一路"沿线国家的留学生 3 000 多名。他们学成归国，是熟悉中国文化的高素质技术技能人才，也将成为传播中国文化的异域代言人。

天津轻工职业技术学院、佛山职业技术学院、酒泉职业技术学院联合主持建设的新能源类专业教学资源库，于 2016 年携手中国中材国际工程股份有限公司等 5 家中国知名企业与印度金奈理工学院开展合作，在印度金奈理工学院建设以新能源专业为依托的鲁班工坊。建设新能源"虚实一体"实训中心，实现仿真企业真实生产过程和环境，充分利用资源库开展教学活动，将国内成熟的职业教育专业教学标准、课程标准、教学仪器装备标准等辐射出去。在深入调研印度本土对专业人才培养需求的基础上，中印双方共同开发、编写了国际化专业教学标准、课程标准，并公开出版国际化双语教材，形成了完整的实训教学体系，输出职业教育中国标准；率先实现了培养本土技能人才进入当地中资企业就业，扩大了专业群的国际影响力，打造了鲁班工坊职业教育品牌。

陕西铁路工程职业技术学院、辽宁省交通高等专科学校联合主持建设的地下与隧道工程技术专业教学资源库，伴随高铁"走出去"，积极响应"一带一路"倡议，先后为中铁七局集团有限公司、中铁九局集团有限公司、中铁北京工程局集团有限公司等企业开展了海外施工项目培训，与中国铁建重工集团股份有限公司合作开办了地下与隧道工程技术专业现代学徒制海外班，大批毕业生赴海外参与高铁、铁路、城市轨道交通及其他基础工程建设，为当地建设提供了技术支撑和人才保障。截至 2021 年 12 月 31 日，依托陕西省在非洲设立的首家"鲁班工坊"——肯尼亚铁路培训学院实践教学基地，利用地下与隧道工程技术专业教学资源库为肯尼亚蒙内铁路开展 6 期培训共计 700 余人。受到当地政府的高度认可，肯尼亚铁路培训学院董事会主席亨利·泰洛先生给予地下与隧道工程技术专业教学资源库课程框架体系高度评价。项目参建院校四川建筑职业技术学院、天津铁道职业技术学院分别在阿曼、吉布提建立鲁班工坊，为当地培养了高素质技术工人。通过地下与隧道工程技术专业教学资源库，向"一带一路"沿线国家输出了中国铁路建设理念、建设标准和专业教学标准，送去了高质量的教学资源，受到当地政府的高度认可，增进了两国人民之间的友谊，塑造了中国鲁班工坊的品牌。

顺德职业技术学院、黄冈职业技术学院联合主持建设了制冷与冷藏技术专业教学资源库，与参建单位合作开发了"制冷原理与装置""制冷空调设备维修维护"等双语网络课程，参加了联合国环境开发署和生态环境部对外合作中心设立的"制冷维修行业良好操作培训"项目，培训人员达 2 000 余人。时任联合国副秘书长兼环境规划署执行主任埃里克·索尔海姆一行六人于 2016 年至上海科技管理学校考察制冷维修行业良好操作国家级培训中心，对学校助力中国环保事业给予很高的评价。顺德职业技术学院与美的集团合作建设资源库应用展示空间，成为美的集团全球培训中心。展示空间建立以来，通过开展线上线下培训，已经为美的集团完成了 9 期 200 人次的海外核心技术人员培训，为美的集团积极参与"一带一路"建设起到很好的支持作用，培训内容涉及产品特点及结构、电控、制冷系统维修理论及实操，共有来自俄罗斯、印度、韩国等 30 多个国家的 200 余名学员参加了培训，为企业国际化发展提供了有力的支持。

湖南现代物流职业技术学院、南京交通职业技术学院、全国物流职业教育教学指导委员会联合主持建设的物流信息技术专业教学资源库，大胆"走出去"，极力推进"一带一路"沿线国家援外培训。将资源库援外培训内容进行"双语"开发，开发了"RFID 技术与应用"双语课程，制作双语资源 400 余个。成功举办了 500 多期培训班（其中有 20 期部长级官员培训班），包括"乌兹别克斯坦企业管理人员领导力提升研修班""约旦经济外交和投资促进研修班"，培训外国官员和技术人员共 2 万余人，培训内容涉及物流管理、信息技术、农业技术、汽车、有色金属等十几个领域，学员遍及亚洲、非洲、欧洲、大洋洲和拉丁美洲等 120 多个国家和地区。

第四部分　理实同行，渐成体系

　　理论指导实践，实践推动理论。资源库项目源自 2006 年《教育部财政部关于实施国家示范性高等职业院校建设计划加快高等职业教育改革与发展的意见》（教高〔2006〕14 号）提出"研制并推广共享型专业教学资源库"的建设要求和《国家中长期教育改革和发展规划纲要（2010—2020 年）》的文件要求。建设期间吸引了大量的研究者在不同的领域、从不同的角度对资源库的内涵、建设和应用展开了广泛深入的研究，积累了丰硕的科学研究成果，从而丰富了资源库的内涵。从理论的角度为资源库的建设和应用提供建议，推动了资源库的建设和发展。

　　截至 2021 年 12 月 31 日，在中国知网和万方数据上以"职业教育"和"专业教学资源库"为主题词进行筛选后得到文献超过 1 000 篇，其中主持和参与职业教育专业资源库建设的所在院校是资源库理论和实践研究的重要机构，共有超过 300 家职业院校的参与教师发表了有关职业教育专业教学资源库的理论和实践研究的论文成果。2010—2021 年参与教师发表资源库相关论文情况如图 4-1 所示。另外，与资源库相关的硕博论文 14 篇，其中博士论文 3 篇。

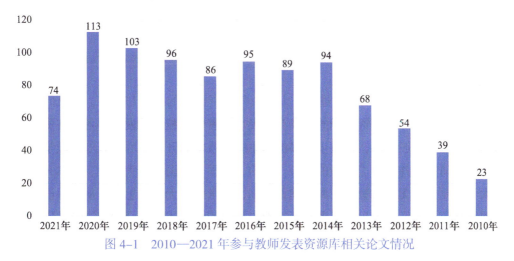

图 4-1　2010—2021 年参与教师发表资源库相关论文情况

　　主持和参与资源库建设的院校在教学实践中取得了丰硕的成果。资源库所在院校在职业院校教学能力比赛中的获奖从 2010 年的 1 次到 2015 年后每年获奖持续稳定在 100 次以上，其中 2018 年度教学能力比赛获奖 178 次，成绩再创新高，如图 4-2 所示。由此可见，资源库建设期间职业院校教师的教学能力得到了极大的提升，也从另外一个角度验证了资源库项目对职业院校教学改革的效力显著。

图 4-2　资源库所在院校在教学能力比赛中获奖次数（2010—2020 年）

4.1　夯实理论构建

职业教育专业教学资源库是我国职业教育信息化的首创，是职业教育对教育信息化的重要贡献。十多年来，资源库项目在推动优质资源共建共享、推进职业教育信息化进程、深化专业教学改革、提升人才培养质量等方面发挥了持久独特的作用，成为推动高等职业教育创新发展的标志性工程。在理论构建上，职业教育专业教学资源库不仅严格遵循国际国内的技术建设规范，更是创造性地采用了一整套能指导职业教育全国同类专业共同发展的"整建制"资源学习包建设理论。

4.1.1　国内外教学资源库研究回溯

20 世纪 90 年代末，国外就进行了大规模教学资源库的建设与研究，大批的高校和企业机构也开始涉足教育资源库的开发与建设。随着信息技术的发展，各国在资源库开发方面曾掀起过一股热潮，建设了众多的信息中心或信息开发中心，开展了教学资源库的相关项目研究，并取得了丰硕的成果。目前，美国、英国、澳大利亚、加拿大等国家知名大学都制定了无障碍教学资源库建设计划，要求树立无障碍思想，从硬件设施、教学、网络环境等方面，满足学习者对于知识与技能的学习需求，全面推进教学资源库的飞速发展[1]。

（1）数字教学资源发展脉络：从 OER 到 MOOC。

---

[1]　李真真. 高等职业院校专业教学资源库建设研究 [D]. 秦皇岛：河北科技师范学院，2012.

教学资源（Instructional Resources）由教育技术的媒体观演变而来。教学资源是指"各种各样的媒体环境与一切可用于教育教学的物质条件、自然条件以及社会条件的总和。"[①]《教育大辞典》中对教学资源的定义是"支持教学活动的各种资源，分为人类资源和非人类资源。人类资源包括教师、学生、学习小组、课外活动小组、旅行小组、课外辅导员、家长、社会成员等。非人类资源包括各种媒体和各种教学辅助设施。传统的媒体有粉笔、黑板、印刷媒体、实物、实物模型、挂图等；现代媒体有投影、幻灯、电影、电视、计算机等。此外还有各种社会教育性机构，如视听中心、图书馆、博物馆等。"[②]张一春从学习的角度出发，认为教学资源是一切可以帮助学生达成学习目标的物化了的、显性的、隐性的、可以为学生学习服务的教学组成要素。包括一切可以利用于教育、教学的物质条件、自然条件、社会条件以及媒体条件，是教学材料与教育信息的来源。即包括教学材料、教学环境以及教学支持系统[③]。综述以上学者观点，教学资源是能够帮助教师有效地教学和个人（学生）有效学习的一切外部条件，包括组织和管理教学，参与教学活动的人力资源以及学习支持系统，教学材料与环境等物质资源[④]。

随着计算机技术和互联网的高速发展，促生了双向同步通信，世界范围内的教育也正在经历变化。数字化教学资源（Digital Instructional Resources）概念开始出现，指支持数字化教学过程中被教学或学习者利用的一切人力与非人力资源。人力资源包括教师、助教（Teaching Assistant）、学生、学习小组、家长、网友等。非人力资源包括各类数字化、网络化教学材料（教学软件、网络教学资源、教学资源库等）、数字化教学辅助设施和环境、数字化教学支持系统等[⑤]。祝智庭教授将教学资源分为学习材料和环境两类[⑥]。美国教育传播与技术协会（Association for Educational Communication and Technology，AECT）将教学资源按照来源分为设计的资源、利用的资源和集成的资源；按照资源的表现形式分为硬件资源、软件资源、数字化系统集成和人力资源。

总而言之，数字化教学资源是利用信息技术对传统教学资源的再次设计，随着虚拟现实、体感交互等新兴技术的日趋成熟及其在教育领域应用的不断完善，数字化教学资源的范围不断扩大，是逐步融合形态各异的内容、工具、活动和人的智慧在内的混合资源体[⑦]。这一时期的数字化教学资源主要是多媒体课件，如文本、图形、图像、音视频、

① 王曼文，丁益民.浅议远程教育教学资源的建设与应用[J].河南广播电视大学学报，2004，17（03）：6-7.

② 顾明远.教育大辞典.教育技术卷[M].上海：上海教育出版社，1990.

③ 张一春.Web2.0时代信息化教学资源建设的路径与发展理念[J].现代远程教育研究，2012（01）：41-46.

④ 张一春.高校数字教学资源共建与共享[M].南京：南京师范大学出版社，2013.

⑤ 章苏静.数字化教学资源管理[M].北京：科学出版社，2008.

⑥ 祝智庭.现代教育技术——走向信息化教育[M].北京：教育科学出版社，2002.

⑦ 杨现民，赵鑫硕."互联网＋"时代学习资源再认识及其发展趋势[J].电化教育研究，2016，37（10）：88-96.

动画等类型。技术和教学资源的互相影响引发了数字化教学资源生产与服务方式的变革，如何在技术的快速发展的基础上，加大建设和开发高质量的各类优质数字化教学资源是信息时代必须要解决的问题。

数字化教学资源经历了从开放教育资源（OER）到大规模在线开放课程（MOOC）的发展过程。2001年9月，美国麻省理工学院（MIT）向全世界宣布启动OCW（Open Courseware）项目，自此拉开了国际OER（Open Educational Resources）运动的序幕。2002年，针对MIT的这一创举，在威廉姆福特基金会的资助下，联合国教科文组织（UNESCO）举办了名为"OCW对发展中国家高等教育机构的影响"（Impact of Open Courseware for Higher Education Institutions in Developing Countries）的论坛。在论坛上，首次提出OER这一术语，并将其定义为：通过信息技术开放提供的教育资源，能够为用户提供非商业目的的咨询、使用和改编。自MIT推出OCW项目之后，经济合作与发展组织（Organization for Economic Cooperation and Development，OECD）、UNESCO、学习共同体（Commonwealth of Learning，COL）、威廉姆福特基金会纷纷加入OER运动中，推动其向前发展。随着OER运动的不断发展，OER这一术语的内涵也在不断丰富和完善。OECD在其报告中将OER描述为：那些允许被改编，在不限制他人享用的可能性的同时带来利益的可累积的数字资产，包括学习内容，用来开发、使用和发布内容的软件工具，像开放许可之类的实施资源三部分内容。COL和UNESCO共同出版的著作《开放教育资源（OER）基础指南》（A Basic Guide to Open Educational Resources（OER））中OER被描述为：任由教学人员与学生开放获取和使用而不需要支付专利费或许可费的教育资源，包括课程地图、课程材料、教科书、视频、多媒体应用程序、播客以及其他被设计用来教学和学习的材料。

继MIT推出OCW项目之后，世界各地陆续发起了各具特色的OER项目，例如美国卡内基梅隆大学（Carnegie Mellon University）于2002年启动的OLI（Open Learning Initiative）项目，英国开放大学于2006年启动的开放学习（Open Learning）项目，教育知识管理研究组织（ISKME）于2007年发起的OER Commons项目，美国国家科学基金会、美国国家卫生研究院等于2007年联合资助的Open Study项目，南非远程教育机构（SAIDE）于2008年发起的OER Africa项目，孟加拉裔美国人萨尔曼·可汗于2006年创立的可汗学院（Khan Academy），英国的高等教育学会（Higher Education Academy，HEA）和英国联合信息系统委员会（Joint Information System Committee，JISC）于2009年发起的国家层面的OER项目等。MOOC的出现源于开放教育资源（OER）项目，在之后的发展过程中逐渐形成了两种不同的实践形式。世界范围内越来越多的教育机构和个人加入开发和应用MOOC的队伍中来。

（2）国内外教学资源库的构建路径。

从广义上说，教学资源库应最大范围地包含各种优质教学资源并将资源有序集合，它包括网络课程、精品课程、网络教学资源素材库、教学案例库、试题库、课件库等，教师和学生能在教学资源库里通过网络查询和检索所需要的数字教学资源[①]。学术界（主要是社会学、教育学、技术学）对教学资源库有不同的解释方式。从狭义的角度理解，信息化教学资源库是一种特殊的信息资源，即认为教学资源库是经过严格的选取和组织形成的有序化结构，以数字信号的形式在互联网上进行传输，并能创造出一定的教育价值，是适合学习者发展的信息资源的集合[②]。有学者从具体专业视角认为，该专业教学资源库是信息技术与该专业教学整合的产物，具有系统化、动态化、个性化等特征，能有效应对该专业数字化教学资源面对的各种挑战[③]。

教学资源库建设的最终目的是为教学服务，其内容是经过专业人士过滤、加工的，是具备教学能力的[④]。一般来说，教学资源库归学校网管系统统一管理，并分配给教师个人主页空间；经审核后，教师可以将个人资源上传到公共资源数据库，也可以将公共资源数据库中的教学资源下载到个人计算机中。资源库的这种结构既注重教师个性化的资源需求，又保证了公共资源数据库中教学资源的安全。教学资源库是教师教学的帮手，也是学生学习的资源，它的形成为人类教育事业的进步做出了很大的贡献。比如，高中语文教学资源库分为教学课标任务群、学习方式任务群、读写结合群和专题研群，直观网状的页面帮助教师和学生更好地开展教学和自主学习[⑤]。因此一个真正的教学资源库需要具备高质量的教育、教学内涵，有特色的、能够形成教学能力的媒体专业资源，能有效地进行教学资源组织、管理、检索，是一个便捷的教学资源使用工具和平台，具备健全的资源更新开发机制[⑥]。

国内外很早便开始了数字化教学资源的建设。起初建设的教学资源库并没有特别强调教学的功能，更多侧重于资源的建设，旨在为学习者提供丰富的资源，资源的受众群体是任何一个有意愿且有学习能力的公民。该类资源库也被称为教育资源库，是一种知识基础设施工程。1966 年美国建立的教育资源信息中心（ERIC）是目前世界上规模较大的网络教育资源库，它是由全美国家教育图书馆负责管理，是由美联邦教育部支持的全国信息中心，它不仅是面向团体用户（如科研机构和学校）提供数据库内容服务，也面向个人开放数据服务，依据个人用户的需求可以为个人定制个性化资源服务[⑦]。加拿大的 EduSource 项目是在国际的学习技术标准基础上，依据学习资源的可重用性的原则，构建起的国家级的共享学习对象库，它实现了为该国国民提供数字化学习资源服务。加拿大在学习资源建设方面的研究主要涉及标准的应用、软件工具的开发与技术实现路

---

① 张一春.高校数字教学资源共建与共享 [M].南京：南京师范大学出版社，2013.

② 肖君，李雪，陈笑怡，等.教育资源库使用效益评估研究 [J].开放教育研究，2012，18（03）：105-112.

③ 邓军涛.国外口译教学资源库的建设与启示 [J].现代教育技术，2015，25（12）：78-83.

④ 乌蓓华.基于 Web 服务的分布式异构教育资源库信息共享方案的研究与实现 [D].上海：上海师范大学，2004.

⑤ 盖阔，宋祥.高中语文学习任务群教学资源库构建研究 [J].图书馆学研究，2018（12）：41-45.

⑥ 马德民.论教育资源的建设问题 [J].管理信息系统，2002（02）：29-31.

⑦ 王民主.上海教育资源库知识管理研究 [M].上海：上海交通大学出版社，2008.

线、学习资源共享机制的建立、各种学习的上层环境的应用等。但是，加拿大对资源库的研究较少涉及教育资源库评价方面的内容①。

英国教育传播与技术局（BECTA）是进行现代教育技术研究的专门机构，当前他们非常看重网络资源的建设和统一管理。英国在 1998 年就通过各方资源和力量建设了该国的教育门户网——全国学习网络（NGFL），建成了全国课程网，国家课程中心的每个知识点都有相应的网络资源②，该网站现已发展成为欧洲最大的教育门户网。2001—2005 年，英国又启动了 DISCIE 项目，该项目为英国建设能安全便捷地存取海量资源的网络教育资源环境，方便用户最大限度地获取学习资源，实现与远程教育资源的无缝整合。由 ESA（Education Service Australian）代表澳大利亚政府以及各州、地区负责组织、管理和运行的全国性质的数字教育资源库，主要为澳大利亚的教师与学生提供基础教育阶段的数字教育资源。2013 年，SCOOLTE（全国性的数字教育资源库）应用程序正式上线。通过移动终端，学习者可获得成千上万的数字化课程资源，实现资源的共享、经验与学习方法的交流。无处不在的学习不再是不可及的愿景，全面服务澳大利亚教育的理念得到深化③。

中国也有类似的知识基础设施工程，如中国知识基础设施工程（China National Knowledge Infrastructure，CNKI）、国家基础教育资源网（China Basic Education Resource Network，CBERN）、国家现代远程教育资源网、中央电教馆资源中心、上海教育资源库、K12（基础教育）资源库、港澳台地区的教育资源库（香港咨询校园、台湾学术电子信息资源共享联盟）、企业自建的资源库（中国校校通教学资源库、科利华教育教学资源网、中国教育服务网、校际通教育资源库等）。远程教育资源库设有中央教育资源库、地区资源库和学校资源库。它们依托于全国现代远程教育网，实现互联互通。中央教育资源库致力于成为全国现代远程教育的资源中心和枢纽。

以开放课程、精品课程为主的课程资源库是教学资源库的另一种形态。2001 年，麻省理工学院在全球率先启动的开放课程项目（MITOCW），免费开放了本科至研究生阶段全部课程约 1 800 门。2003 年，中国开放教育资源协会（China Open Resources for Education，CORE）引进优质开放资源促进本土精品开放资源国际化，正式启动国家精品课程建设项目。2005 年 MIT 牵头、全世界 100 多所教育机构组成 OCW（Open Course Ware）联盟，开设了几乎涵盖所有学科的课程。2010 年下半年，YYeTs 字幕组等知名字幕组开始翻译国外名校公开课并配上字幕，世界名校公开课开始流行。2011 年，教育部提出"十二五"期间实施"国家精品开放课程"。同年，哈佛、耶鲁、约翰霍普金斯等 200 个大学推出 20 个语言环境下 14 000 多门开放课程。随着 2012 年 MOOC 风靡

① 刘振峰. 基于知识管理的教育资源管理系统研究 [D]. 济南：山东师范大学，2007.

② 申剑飞. 基于云平台的职业教育资源库构建研究 [J]. 湖南大众传媒职业技术学院学报，2013，13（06）：53-55.

③ 吴迪，余亮. 澳大利亚数字教育资源库建设的特色与启示——以 SCOOTLE 为例 [J]. 现代远距离教育，2016（01）：74-80.

全球，Udacity、Coursera、edX 三大 MOOC 平台问世，2013 年中国迎来 MOOC 元年，学堂在线、中国大学 MOOC、好大学在线等成为开放课程资源的主要平台。此后，继续打造建设优质开放课程成为推动教育改革的重要战略，国家在 2015 年提出到 2017 年认定国家精品在线课程 1 000 门，到 2020 年认定 3 000 门[①]。

综上，以基础知识工程为载体的教学资源库也存在不足，首先，平台对学习者答疑的功能不够完善，影响了学习者的热情和教学资源库的持续发展。其次，功利性较强，忽视了网络教育的功能和本质[②]。另外，以单个课程为主的教学资源课程库，完全凭资源设计者意愿设计，课程内容丰富多样，继承了开放、共享的数字化教学资源建设理念。但课程与课程之间的联系度不高，缺乏一定的系统性和整体性。

（3）国内外职业教育资源库构建路径。

国内外职业教育资源库的建设路径主要分为仓储式资源库和职业 MOOC 两种。其中，国外职业教育资源库多为仓储式资源库。例如联合国教科文组织里设有世界职业技术教育与培训数据库—国家概况，里面包括世界各地 TVET（职业教育与培训卓越区域中心）的关键性描述和实践数据（Data Base）。这种资源库以全球性的职业教育发展成果为主要资源内容，旨在给世界各国学者提供全方位的职业教育与培训资源。澳大利亚的 EDNA（所有教育和培训部门之间合作）计划目的在于实现全国所有教育部门及培训机构之间的合作，它提供了教育和培训的信息目录以及基于网络的教育资源数据库[③]。澳大利亚的 VOCEDplus 由国家职业教育研究中心（NCVER）制作，该中心与南澳 TAFE 学院组成了联合国教科文组织技术和职业教育与培训卓越区域中心（TVET）。VOCEDplus 从澳大利亚政府教育、技能和就业部获得资金。VOCEDplus 是一个免费的高等教育国际研究数据库，特别是与劳动力需求、技能发展和社会包容相关的数据库。它的范围是国际性的，包含超过 80 000 个的英文记录，其中许多都有指向全文文档的链接。

德国联邦政府 2007 年首先从国家层面启动了专门服务职业教育数字化的资助项目框架——“职业教育中的新媒体”[④]，该框架内容聚焦于职业教育数字化教学资源、教学工具的开发和应用[⑤]。2007—2013 年，德国联邦教育与科研部决定继续在同欧洲社会基金会的联合资助框架机制下，开启“职业教育中的新媒体”项目资助计划，该计划集中面向职业教育领域中数字媒体的开发、测试和应用。该项目的一个主要目标就是通过使用基于数字媒体的创新性的教学方案，借助互联网平台提高职业教育的吸引力，为终身

---

① 杨现民，王娟，魏雪峰. 互联网＋教育学习资源建设与发展 [M]. 北京：电子工业出版社，2017.

② 王丽. 面向中等职业学校的教学资源库管理平台的应用研究 [D]. 青岛：中国石油大学（华东），2016.

③ 朴姬顺，张萍. 发达国家网络教育资源库建设的特点分析与启示 [J]. 陕西师范大学继续教育学报，2005（04）：94-97.

④ 刘立新，刘红，殷文. 工业 4.0 背景下德国职业教育发展战略 [M]. 北京：教育科学出版社，2019.

⑤ 徐坚. 德国职业教育数字化发展历程及其启示 [J]. 中国职业技术教育，2021（09）：53-61.

学习服务。德国联邦政府希望通过数字化媒体技术的投入，协助职业教育和在职教育提高企业员工的就业能力，提供并保障学生适应职业教育新需求的能力。通过提供数字化媒体，有助于进一步丰富和发展已有的学习方式，有助于提供不受时空限制的个性化学习，有助于提供不断更新的教学内容。同时，学习与工作的界限也不再明确，工作场所也越来越成为一个重要的学习场所，工作过程也在逐渐成为学习的过程[①]。

国内"国家示范性职业学校数字化资源共建共享计划"是中等职业教育阶段的专业教学资源项目，是一种专业教学资源库。该计划贯彻了《国家中长期教育改革和发展规划纲要（2010—2020）》关于"加快教育信息化进程"的要求，加快推进了职业教育数字校园建设，是国家示范性职业学校数字化资源共建共享计划。该计划分两期实施，一期建设时间是 2011—2015 年，主要完成开发精品课程资源、集成通用主题素材、创新资源共享平台、建设专业群落网站和制定资源技术规范共计 5 个重点建设任务。二期目标着力促进一期项目建设成果的交流共享，建设任务包括深度开发精品课程资源、鼓励开发视频公开课程、扩充通用主题教学素材、完善业务管理信息系统和优化扩展专业群落网站。项目通过中国职业教育信息资源网进行共享、交流。该平台包括七个板块，分别是计划概览、管理文件、活动集锦、资源共建共享之路、一期成果研发团队、科研课题证书和国家职业教育数字化信息资源库。其中国家职业教育数字化信息资源库包括人才培养方案库、精品课程资源库、通用主题素材库、专业群网络链接和学校管理信息系统库[②]。

职业 MOOC 是职业教育专业教学资源库的另一种表现形式。国内，在职业教育的资源库建设方面，有学者提出人力资源和社会保障部考虑建立职业 MOOC，旨在满足员工和在职成人的培训和发展需求，突出职业教育特色，建设内容上遵循以职业学习的规律为基点，倡导教育资源的最优化。李利平[③]将 MOOC 分为学术型和职业型两类，职业型 MOOC 具有明显的职业教育特点，坚持以市场为导向，以学生为中心，旨在提高学习者的职业能力。在设计面向教师教学知识开发的 MOOCs—TVET 时，应考虑学习活动、学习资源、学习支持、互联组织和非正式反思五个方面。学习活动包括任务、咨询或问题、用于吸引学习者的互动以及学习和学习的实施。学习活动要有一定的挑战性，这样才能顺利地传递沟通和互动。学习资源包括学习者在完成活动时与之互动的内容、信息、技术和资源。这些资源必须是适合学习者的特定的课程内容或科目。

职业 MOOC 的主要功能是提升职业知识和技能。在职业 MOOC 中，参与和完成的问题可能不像在学术 MOOC 中那么严肃。职业 MOOC 的受众是成年人，他们是自我导向的学习者，具有内在的学习动机。建立更强有力的结构，鼓励学生在大规模在线开放课程（MOOC）中更深入地参与，这是职业教育和培训教师的重要兴趣所在。以往关于 MOOC 的文献主要集中在大学部门的发展和其他教育环境，如职业教育与培训被忽视。

① 刘立新，刘红，殷文.工业 4.0 背景下德国职业教育发展战略 [M].北京：教育科学出版社，2019.
② 余亮.数字化学习资源建设研究 [M].北京：科学出版社，2018.
③ 李利平.高职教育专业教学资源库建设的改革思考 [J].中国高教研究，2011（06）：90-91.

职业教育和培训部门落后于大学教育部门，因为职业教育和培训教育严重依赖技能习得，不容易进行 MOOC 教学。与大学 MOOC 相比，职业教育与培训 MOOC 学习者的水平更高。参加 MOOC 课程可在未来提高工作场所的竞争能力。根据布雷斯洛的调查结果，6 381 名学生中有 1 100 名报告说他们年龄在 20 到 30 岁之间，大多数学习者年龄在 20 到 40 岁之间，此外，超过一半的调查对象报告说他们参加 MOOC 的主要原因是他们将获得知识和技能，这充分表明许多人注册 MOOC 是为了提高工作场所的竞争力。

MOOC 本身的作用使任何人想要在任何科目上增加知识和技能，都不必经过正规教育的培养，职业 MOOC 也是如此。职业 MOOC 提供的学习支持包括用于支持学习的支架、指南、结构、动机、协助和联系。通过职业 MOOC 平台学习时，学习者的非正式反思涉及自我提问，有助于培养对自己假设的认识，这对学习者自我提高至关重要。

职业教育资源库建设应促进在线专业发展，利用信息技术，提供基于互联网的学习机会，包括指导性课程、练习、工作场所、手段以及与教员、导游的在线合作，参与当地甚至没有提供的专家晋升活动。欧盟认为，成人职业培训领域的 MOOC 可以包括额外的培训或再培训，以及根据劳动力市场的新发展，获得职业发展所必需的知识和技能。其中一些课程包括：敏捷开发、公共演讲、简历撰写、如何启动初创企业、项目规划、会计和 IT 专家财务。但在线提供有效的技能培训仍然是职业 MOOC 面临的挑战。

在数字时代，数据挖掘技术对职业教育 MOOC 有着重要支持，具体做法有三，即运用聚类分析找出职业教育机构有效的市场营销区域，运用关联分析找出特定职业的职业教育课程设置，并运用回归分析方法，提出适合考生的个性化职业生涯规划。将数据挖掘技术应用于职业 MOOC，将是提高职业教育质量的重要途径，对以学习者为中心的高职院校和 MOOC 平台开发机构具有一定的参考价值。

4.1.2　职业教育专业教学资源库的内涵

职业教育专业教学资源库的概念内涵继承了数字教学资源和教育资源库的基本特征，同时结合职业教育的特点做了新的阐释和发展。教学资源库是对各类教学资源的整合，核心理念是学生通过使用资源库掌握基础课程知识；自主学习能力和职业教育专业教学资源库是继续教育、终身学习的前提和基础[①]。而职业教育专业教学资源库是职业教育信息化领域的一项创新。因此，对于职业教育专业教学资源库的定义也自然存在各种不同的看法，不同的研究者也在尝试从不同的角度进行定义。

孙善学等认为专业教学资源库是一项由中央财政立项支持建设的教育信息化重点项目，也是职业教育领域落实"互联网 +"战略，推进教育创新发展的综合改革项目[②]。郭庆志等从项目的目标、意义和组织结构的视角认为国家级职业教育专业教学资源库是由

---

① 姜义林，祝木田.职业教育专业教学资源库研究 [M].天津：天津科学技术出版社，2018：100.
② 孙善学，刘正宏.职业教育专业教学资源库的未来走向研究 [J].中国职业技术教育，2018（23）：8-11，22.

职业院校牵头，行业企业共同参与，以职业教育专业为依托，利用现代信息技术手段，通过共建共享集合全国优质教学资源，满足职业院校师生、企业员工和社会学习者"能学、辅教"需求的在线教学和学习系统[①]。谢俐则认为专业教学资源库是通过校企共建共享的方式推动专业革新教学内容，线上线下混合教学模式促进高效课堂建设，现代信息技术手段实现同类专业跨地区共享优质资源[②]。也有的研究者从教学资源和课程体系的视角，如徐国庆认为职业教育专业教学资源库是教学资源各种要素的集合，应当定位为支持课堂教学改革深化、具有普遍适用性的教学辅助材料系统，并能引导学与教的过程的教学平台[③]。徐坚提出职业教育专业教学资源库，可以看作是在职业教育专业的教学资源的广义概念中技术性和信息化的教学资源。从面向职业教育的教师的研究视角和技术性的视角，将国家职业教育专业教学资源库定义为以职业教育"专业"建设为框架，面向职业教育课堂建设的，各类数字化教学资源聚集的互联网平台和数据仓库[④]。

总体而言，职业教育专业教学资源库是"互联网＋职业教育"的重要实现形式，是推动信息技术在职业教育专业教学和职业培训领域综合应用的重要手段。专业教学资源库的内涵来自数字教学资源以及教育资源库，职业教育专业教学资源库是数字资源与媒体技术相结合在职业教育专业教学领域的具体实现。它继承了数字资源的开放性、多元性等特点也发展出以"专业"为建设单位、突出领域独特性的自身特色。职业教育专业教学资源库以服务职业教育专业教学改革为目的，其设计按照《教育资源建设与技术规范》中的要求，以职业需求为导向，引入工作过程、工学结合理念，以学习领域课程为基本单位进行平台构建，根据职业发展阶段即工作任务难度逐步递进的顺序排列各课程[⑤]。同时搭建了优质资源共建共享平台，形成了职业教育专业教学资源制作、使用、监管、改进的良性生态圈。

4.1.3 "整建制"资源"学习包"理论构建

（1）职业教育专业教学资源库的科学理论构建溯源。

职业教育专业教学资源库是一个新生事物，更是在以往数字教育资源、教育资源库、职业教育资源库的基础上继承和发展而来，具有丰富的理论基础。

建设规划借鉴了 Web2.0 网络发展理论。基于资源库展开学习实际上本质是一种网络化学习（E-Learning），是基于网络学习环境下的数字化学习方式。在网络学习环境中，学生的角色本身具有多元性，学习者的个性应该得到张扬，拥有足够大的创造性发展空间。学生的个性、创造性的发挥不仅是一个自身完善的过程，也是一个自我

---

① 郭庆志，王博，张磊，等.国家级职业教育专业教学资源库建设与应用分析报告2016[M].北京：中央广播电视大学，2017.

② 谢俐.健全专业教学资源库 扩大优质资源覆盖面[J].中国职业技术教育，2019（19）：5-7.

③ 徐国庆.职业教育课程、教学与教师[M].上海：上海教育出版社，2016.

④ 徐坚.促进教师参与治理：职业教育专业教学资源库的改革方向[D].上海：华东师范大学，2020.

⑤ 李利平.高职教育专业教学资源库建设的改革思考[J].中国高教研究，2011（06）：90-91.

教育及影响他人的过程。互联网发展至今经历 web1.0 到 web3.0 的过程。Web1.0 指的是网络—人，单向的信息传播，例如个人网站和大英百科全书。网络承担的角色是信息提供者，单向性地提供和单一性地理解。发展到 web2.0 时代，即人—人，以网络为渠道进行人与人之间的沟通，例如维基、博客。网络是平台，用户提供信息，通过网络其他用户也能获取信息。随着人工智能时代的不断发展，web3.0 时代信息传播方式是人—网络—人的模式，互联网成为用户需求的解读者和提供者，网络对用户的习惯和需求了如指掌，能够根据用户需求自动对资源进行筛选，智能匹配，直接给用户答案。

在 web2.0 时代，人们创造了大量的学习资源来支持无处不在的学习。郭福春从泛在学习（Ubiquitous Learning）视角切入，指出在专业教学资源库建设过程中，应遵循科学性、标准化、普适性、开放性、人本化等原则[①]。如何帮助学习者方便地获取所需资源已成为一个重要研究课题。web2.0 带来了社交工具在各个领域的大规模使用，这一转变导致了教学过程的重新定义。在这种新的背景下，知识以一种不受控制的方式分布在网络连接上，学习包括识别相关的信息模式和构建新的连接。因此，用户成为学习社区的积极成员，其融入自己的社会环境，贯穿整个学习过程。"基于 web2.0 建设的资源库，以用户个性化标签、用户群体协同、资源共建共享为典型特征，适用于开放环境下用户多样化的需求，使开放学习环境下的学习资源得到高效利用"。资源库以平台的形式展现，以实现不同学习者时时处处可学为建设目标，实质上也是借鉴了 web2.0 的建设思路。

平台构建借鉴了建构主义学习理论。在建构主义学习理论指导下构建面向学习者的个人化学习与教学系统是学习理论和信息技术教学应用的根本发展目标[②]。职业教育的发展趋势和特点，恰与建构主义的主张"不谋而合"[③]。一是在教学资源上突出建构主义教学的特点。王晓芳提出实现建构主义理论资源库建设的重要环节是协商与对话，包括自由对话、师生对话和生生问题讨论[④]。李志河等学者提出，在资源库设计与建设过程中以建构主义学习理论为依据有利于帮助学生完成意义建构。教学资源的选取要有利于体现和突出建构主义的四要素；资源系统要有利于开展协作和对话，根据学生学习的需要设置相应的各种功能；资源库的设计要充分考虑建构主义学习理论对学习情境创设的要求[⑤]。二是平台功能支持学习者的意义建构。针对资源库建设的共性问题，创设有利于专业知识意义建构的"互动共享""协作对话"资源认知平台、实现由资源团队建设"教

① 郭福春．泛在学习视阈下我国高职院校专业教学资源库的建设与思考[J]．中国高教研究，2012（10）：91-94.

② 胡卫星，宋菲菲，赵苗苗．学习理论发展与信息技术应用的结合演变过程分析[J]．现代远距离教育，2010（01）：31-34.

③ 尢利平．建构主义理论指导下职业教育专业教学设计原则探析[J]．中国职业技术教育，2014（15）：93-96.

④ 王晓芳．建构主义理论指导网络辅助教学资源库建设的几点意见[J]．亚太教育，2015（33）：185.

⑤ 李志河，王岚，冯利星．高职院校网络教学资源库系统的研究与设计[J]．中国远程教育，2013（06）：69-75.

师中心论"向"师生、生生中心论"的转变。资源库以平台为载体,集齐全国一流的教师共同组建了优质的课程资源,另外在平台上给教师设置了自由组课的功能,也给外部虚拟仿真资源留下了接入口,以及给学习者设置了学习空间,使不同的使用者互相能够进行沟通交流,源源不断产生新的资源。这种设计,一定程度上借鉴了建构主义学习理论。

资源库建设组织方式借鉴了共生理论。共建共享的实质是共生理论在资源库建设中的体现。在资源库建设过程中,一直以"共建共享"理念为指导,采取校校联合、校企合作的模式,立足于与行业企业紧密合作[①],引入国内外行业、企业职业标准,根据资源库服务目标多样化的学习需求,确定职业岗位典型工作任务,并以所需的知识点、技能点为资源载体,顶层设计专业教学资源库建设内容[②]。职业教育专业教学资源库一直秉承的"共建共享"建设理念是"共生理论"在职业教育专业教学资源库建设组织方式上的具体体现。职业教育专业教学资源库建设合作单位的关系即共生关系,各取所需,各有所得,是"对称互惠共生"的行为模式和"一体化共生"的组织模式,实现了"双赢"(Win-win)和"多赢"(Multi-win)[③]的理想状态。

从开放教育资源运动(OER)到 MOOC 的发展历程结合国内外教学资源库及职业教育资源建设历程的文献综述中可以看出,信息技术从单机走向共享、建设理念从封闭到开放带来了新的资源建设方式及教学变革。数字教学资源和各国开放教学资源库的建设理念及展现出的不同教学应用模式和应用需求值得职业教育专业教学资源库项目借鉴,职业教育专业教学资源库的建设理论的形成也由模仿到逐渐清晰。然而,单纯地借鉴普通数字教育资源的建设方式,经过不同职业教育的研究学者论证后认为依旧难以彻底解决我国当下职业教育专业教学改革面临的实际问题。于是,在 2006—2010 年国家示范性高职职业院校建设期间,各高职院校花费大量的资金积累了大量的数字资源成果,如何快速地将这些优质资源整合,并带动全国本专业的共同发展?如何构建一个"整建制"的专业校企共育人才的闭环资源和平台是职业教育专业教学资源库建设要解决的问题。

(2)"整建制"资源"学习包"理论的提出。

"整建制"一般特指一个部队或团体的人数、制度、职务关系等。"整建制"的引申义通常是指将某个组织范围内的所有主体单元以及它们之间的关系一并打包,使这个领域的资源形成一个完整的团体。这一概念的运用主要集中在军队、医学和部分管理领域。职业教育专业教学资源库的"职业性"和"专业性"以及期望构建的专业建设生态圈恰恰是需要这样的一个机制来完成。"整建制"也是职业教育专业教学资源库建设时

① 陈拥贤.对职业教育专业教学资源库建设的探讨[J].职教论坛,2011(13):52-54.
② 吕君,王凤君,王全福,等.供热通风与空调工程技术专业教学资源库设计与开发[J].职业技术,2014(04):70-72.
③ 吴泓,顾朝林.基于共生理论的区域旅游竞合研究——以淮海经济区为例[J].经济地理,2004(01):104-109.

区别于其他在线资源的最大特色，这种特色体现在它的建设定位、内容、平台功能等方方面面中。

"学习包"（Learning Package）最早在英国开发大学被提出，指的是一套内容独立、功能完整用于辅助学习的教学资源包。这种"学习包"以单独课程为单位，将每门课所有的教学材料集中在一起并附上使用说明[①]。上海电视大学也组织开发了类似的课程学习包，在其中加入了信息技术元素，如网课等[②]。职业教育领域的"学习包"是源自加拿大的 CBE（Competency Based Education）课程模式的"技能学习包"，与澳大利亚 TAFE 学院开发的主要应用于各种职业资格证书培训的"培训包"以及开放教育中主要应用于自考的"课程培训包"类似。这类培训类"学习包"打破了领域壁垒，更多适用于技能培训，且各单个学习包内容完整、相互独立，因此系统性较弱，具有一定模块化的特征。"学习包"一般包含支撑性资源（各种学习材料）、结构性资源（情境化的任务组合）和场景性资源（实训项目物质基础）[③]。职业教育的"学习包"是在工作过程系统化课程范式和行动导向教学法指导下，借助 DACUM（Developing a Curriculum）方法开发的在线专业教学资源[④]，它来自实践，反映着职业岗位对技能的要求[⑤]。"学习包"内容包括专家指导下教学人员根据专业培养目标所确定的学生必备的职业能力所提供的所有学习资料以及学习指南[⑥]，这些资料又可以分为基础知识学习包、相关知识学习包和专业知识学习包[⑦]。

"学习包"是顺应全球发展并为教学和学习创造适当环境的最著名的解决方案之一。它兼具学习与教学功能，能够满足学习者个性化自主学习的需求，是在信息技术支持下为学习者提供教学资源和学习服务支持[⑧]。学习者能够在无人指导下自行制定学习计划并顺利开展自主学习，完成自我评价[⑨]。设计资源库教学资源时以专业为建设单位，将该专业所需的所有学习资源整理成"标准化课程"，学习者按需使用，在平台功能上设计测试和考核，协助学习者完成自主学习和评价，正是"学习包"理论在资源库中的具体体现。

此外，资源库建设过程是通过一个项目的方式，带动全国相同专业的校企行的资源都围绕服务本专业的人才培养。所以其定位也主要在于突出体现"专业"和"职业"特

① 张长慧.英国开放大学和它的"学习包"[J].中国考试，1997（03）：39，45.

② 冯群.基于远程学习者特征和需求的学习包教学设计——以"英语Ⅲ（2）#"课程为例[J].中国电化教育，2012（11）：93-98.

③ 苏北春，刘文卿.基于实训学习包的实践教学模式研究——以饭店管理专业为例[J].中国大学教学，2005（01）：52-53.

④ 李英.工学结合一体化课业学习包的开发[J].邢台职业技术学院学报，2009，26（05）：21-23+62.

⑤ 石白云.开发学习包的实践与思考[J].煤炭高等教育，2000（03）：112-113.

⑥ 花爱梅.开发"学习包"培养应用型人才[J].辽宁教育行政学院学报，2007（02）：16-17.

⑦ 周如曼.怎样编写学习包——CBE培训体系探讨之一[J].中国电力教育，2000（01）：87-88.

⑧ 徐璐璐，吕乐.学习包构建的研究与探索[J].新疆广播电视大学学报，2003（01）：16-17.

⑨ 侯德华.开发"学习包"深化教学改革[J].机械职业教育，2004（03）：36-37，47.

色。另外，信息技术的快速迭代更新使得资源库承载的功能由简单的资源建设和单一网络教学开始转向提供服务全职业流程的学习。因此，专业教学资源的设计首先是顶层规划，须画好专业建设的五张图。即专业建设的全景图、课程转换的流程图、中高课程的衔接图、能力形成的路径图以及课程体系的构建图。围绕专业核心知识、专业拓展知识、行业企业最新需求等相关知识信息加以融合，形成校企合作、实训实践等课程内容，设计制作出更多普通教学资源库所不具备的特色资源[①]。

随着科学研究者对资源库的认识不断深化，实践工作者对资源库建设的不断完善，在资源库建设过程中做到了与现实同行，渐成体系，提出了职业教育专业教学资源库"整建制"资源"学习包"理论构建。资源库走出了一条中国特色职业教育专业教学改革的信息化之路。

（3）"整建制"资源"学习包"理论的特征。

"整建制"资源"学习包"理论具有"专业体系"特征。 职业教育专业教学资源库以专业建设为单位，以提升专业教学资源的效益，推动职业教育高水平专业群建设[②]。童卫军[③]等认为专业教学资源库是专业层面上对数字资源的整合，形式上支持多样化的资源素材类型，结构上构建了一个完整的课程体系。

杨明[④]提出专业教学资源库建设的主要目标之一是建设成专业建设、课程体系建设及教学改革的指导性技术标准，是一切可以利用于专业教育、教学的物质条件、自然条件、社会条件以及媒体条件，是专业教学材料与信息的来源。既包括教材、案例、文件、影视、图片、课件、实习、实训、校企合作、企业培训等，也包括教师资源、教学设备、基础设施等[⑤]。徐黎明[⑥]提出由于职业教育是以职业能力培养为本位，以职业素质培养为主线的教育。因此在建设专业教学资源库时，以专业建设为龙头，以课程资源开发为核心，以教学改革为主线，以提高人才培养质量为目的，同时为各类社会学习者在岗接受继续教育等学习提供专业化的优质服务；应以行业企业为依托，以"工学结合、校企合作"为途径，创新人才培养模式与教学方法，全面带动区域类高职院校相关专业建设和课程开发、教学改革，并深层次辐射带动相关专业群的发展。成军[⑦]认为要基于

---

① 王轶敏.高职专业教学资源库建设的现状及应对策略研究[J].教育与职业，2013（09）：179-180.
② 朱春俐.职业教育专业教学资源库建设的意义价值及路径[J].职教论坛，2020，36（10）：58-62.
③ 童卫军，姜涛.高等职业教育专业教学资源平台建设研究[J].中国高教研究，2016（01）：107-110.
④ 杨明.关于国家高等职业教育专业教学资源库建设的思考[J].厦门广播电视大学学报，2011，14（04）：45-48，53.
⑤ 杨明.高等职业教育专业教学资源库发展的历史背景及意义[J].黑龙江高教研究，2012，30（10）：99-102.
⑥ 徐黎明.基于专业资源库建设的区域职业教育资源整合和优化的探索和研究[J].新疆职业教育研究，2012，3（03）：17-20.
⑦ 成军.职业教育专业教学资源库的功能定位及其实现路径[J].中国高教研究，2016（10）：107-110.

职业教育专业教学特点系统设计、整体规划资源库框架。以专业教学为主，兼顾服务专业领域职业岗位在职培训，中高职衔接和终身学习需求，要符合职业教育专业教学的特点，突出"职业性、实践性和开放性"。可以预见，资源库项目对高职院校校际合作的推动将产生更为深远的意义和作用，将为构建高质量职业教育体系注入新的动力①。

"整建制"资源"学习包"理论具有"职业体系"特征。 资源库建设突出职业教育特色，主要是其建设内容上遵循以职业学习的规律为基点，倡导教育资源的最优化，在平台架构上做到基于工作过程导向②。孙善学和刘正宏认为建成具有职教特色的教育网站或学习平台必须准确把握职业教育的特点和规律，资源库建设利用信息化带来优势，也必然不能脱离行业企业、职场环境、实践特征③。张启明等④提出，资源库要突出建设内容的职业教育特色。要把握职业教育内涵，建设内容要体现职业教育"三对接"要求，要在建设过程中深化产教融合、校企合作，在教学应用中凸显工学结合、知行合一。要充分体现职业教育特色。充实各类对应专业（群）典型就业岗位、工作场景、岗位能力要求的资源，基本资源要涵盖专业教学标准规定内容、覆盖专业基本知识点和技能点，拓展资源要针对产业发展需要和用户个性化需求由校企合作开发，呈现行业产业"六新"要求；要基于工作场景或项目化方式设计制作资源和组织课程，重点建设匹配典型工作任务或技能训练项目教学需求的模块，大幅提升其在资源库中的占比。成军认为，资源库建设应基于需求导向开发符合职业教育专业教学特点的完备的教学内容系统，突出"职业性、实践性和开放性"。更重要的是要明晰职业教育专业教学的本质特征、学生的学习特点，遵循职业教育的规律⑤。肖怀秋等提出，多元共建基于职业岗位标准和典型工作任务分析的项目化、通用性、开放式、共享式的课程资源库⑥。

4.1.4 "整建制"资源"学习包"理论实践

在"整建制"资源"学习包"构建理论的指导下，根据职业教育"专业性"特色和"职业性"特色，职业教育专业教学资源库在建设文件中提出"一体化设计、结构化课程、颗粒化资源"构建逻辑，走出了一条从"单机建设"到"共享使用"的融合机制，实现了全国同一个专业建设一体化设计的规划。从"积件"到"学习元"的理论支撑，

---

① 魏顺平，魏芳芳，宋丽哲.基于职业教育专业教学资源库的高职院校校际合作结构与特点分析[J].中国职业技术教育，2021（17）：31-40.

② 曾晶.浅谈职业教育专业教学资源库的建设[J].太原城市职业技术学院学报，2018（06）：18-19.

③ 孙善学，刘正宏.职业教育专业教学资源库的未来走向研究[J].中国职业技术教育，2018（23）：8-11，22.

④ 张启明，李礼，李晓秋.职业教育专业教学资源库建设过程中的若干问题探究[J].职业技术教育，2020，41（23）：6-10.

⑤ 成军.职业教育专业教学资源库的功能定位及其实现路径[J].中国高教研究，2016（10）：107-110.

⑥ 肖怀秋，李玉珍.高等职业教育课程资源库开发现状分析[J].职教通讯，2013（30）：75-76.

建立颗粒化资源利于资源的随时更新；从"资源包"到"资源云"的技术变革，开创性地构建了结构化课程，方便教师随时根据教学需求动态组合课程。另外，职业教育专业教学资源库项目带动了本专业的相关专业领域的校企行资源共建，推动了专业教学改革，提高了专业人才培养质量，提升了高职教育专业的社会服务能力。通过理论探索和实践设计，职业教育专业教学资源库走出了一条适合中国职业教育发展的特色之路，具体有如下四个特色：

一是资源库构建了千万级的产教融合、校企合作、工学结合的数字资源。职业教育专业教学资源库的资源建设提出要立足于行业企业，扎根行业企业紧密合作，推动教学模式改革创新。截至 2021 年 12 月 31 日，资源库的数字资源存储量为 127 TB。在资源设计过程中，通过人才需求调研制定专业课程体系，以市场需求为导向，通过校企合作共建，提高职业教育专业教学资源库的实效性。在资源建设中，要求各立项专业教学资源库要分析权威标准制定部门对各类应用型人才的具体要求，落实到专业教学资源库的行业发展及标准、专业规范里。实现"专业·岗位·课程"与企业"专业·岗位·技能"三层次立体资源的开发与对接，使学校和企业的合作进一步深化，建设的数字资源真正深度融合，使学校的教学目标与企业的需求保持一致，努力实现专业资源库的资源的丰富性、共享性和可持续性[1]。同时，在资源内容上要求提供覆盖多个行业不同层次的企业案例，学习者能够从易到难，通过实际企业项目展开学习[2]。最后，学习者通过资源库的学习提升技能，从而解决人才供需的结构性矛盾。最终的目的是推进职业教育专业教学资源库综合性改革，提升其建设和应用效益。

二是资源库实现了全国职业教育相同专业一体化教学的架构体系。职业教育专业教学资源库通过十年的建设，已超越了初期的"建设中心"，正在大步迈入"使用中心"，进而向着我们期待的"管理中心"，实现跨越式发展[3]。因此，随着信息技术的发展，职业教育专业教学资源库承载的功能逐渐扩大，逐步成为满足各类学习者的自主学习平台。

三是基于职业专业教学资源库的智慧课堂教学模式[4]正在改变着传统教学模式。2020 年突如其来的疫情让教学停下脚步，职业教育资源库的十年建设成果成功经受住了疫情的检验。"一体化设计、结构化课程、颗粒化资源"的设计理念，让一千多所高职院校依托资源库平台资源顺利开展了多种个性化的全新的教学模式，实现了全国高职

---

① 杨柳. 高职院校软件技术专业共享型教学资源库建设探究 [J]. 咸宁学院学报，2012, 32（01）：145-146.

② 赵佩华. 对高职院校专业教学资源库建设的思考——以软件技术专业为例 [J]. 职教通讯，2014（09）：76-77.

③ 成军. 职业教育专业教学资源库的功能定位及其实现路径 [J]. 中国高教研究，2016（10）：107-110.

④ 洪国芬，阚宝朋. 基于职业教育专业教学资源库的智慧课堂教学模式构建研究 [J]. 深圳职业技术学院学报，2019, 18（05）：34-40.

教育的一个专业全国共建共享的局面。据后台监测平台统计的实时数据显示，资源库平台的六千多门的标准化课程被转换成一百多万门的个性化课程，80%的资源库的标准化课程都被上百所高职院校引用并组建成个性化课程。成功落实了理想状态中的资源库的状态，即"一定是反映最新教学改革成果、兼顾典型示范和个性需求、共同建设维护应用、以服务学生和课堂教学为主、以信息化为基础、逐级建设选优支持、有生命力和全流程管理"①。

四是资源库搭建了全国职业教育的200多个国家级职业教育专业教学改革共建共享联盟。通过十几年的建设，以专业教学资源库为纽带构建的专业教学改革的共建共享联盟组织不断涌现。全国建成了数百个以行业企业共同参与、以专业建设为龙头，以课程资源开发为核心，以先进技术为支撑，以提高人才培养质量和社会服务能力为目的，信息存储容量大、设计科学规范和使用方便快捷的专业教学资源库及信息公共管理平台②。从职业教育新生态的视角构建起了资源库与企业新生态以及现实之间的关联③，实现了企业、教师、学生三者有效互动的平台④，建构了交互式的职业教育公共学习支持服务体系。

在全球经济一体化发展的格局下，职业教育资源整合正在探索一个更适应复杂性和动态性的全新系统。从共建共享的联盟再到共生共育的生态，构建了一个高质量的职业教育资源整合体系的共生系统。该系统以项目联盟为核心，夯实共生关系基础，完善资源建设的产权边界，厘清共生单元间法律地位；以专业化服务为关键，优化共生环境质量；以集群战略为目标，规范共生界面有序竞争四个原则。资源库建设的最终目标是建立互惠共生的战略协同机制，实现共生单元多样性、共生关系跨界性、共生环境可持续性以及共生界面媒介性⑤。

谢俐提出资源库项目远远不止要实现教学功能，而是要引领教育教学改革，支撑产业发展，服务精准扶贫，助力"一带一路"建设，传承和弘扬优秀民族文化⑥。资源库的建设过程将会进一步推进高等职业教育理论探索与实践向纵深发展，也必将对高等职业教育的开放办学、内涵建设、校企合作、社会服务等重大问题产生深远的影响。张启明等提出了资源库2.0建设思路，提出未来要整合一个服务平台、成立一个专家委员会、发布一个指导目录、出台一个管理文件、形成一个项目联动机制、制定一套认证标准、

① 张启明，李晓秋，李礼，等．职业教育专业教学资源库提质转型与升级策略 [J]．中国职业技术教育，2021（17）：25-30.
② 汪善锋，赵明珍，邢军，等．高职畜牧兽医专业教学资源库建设与实践 [J]．中国职业技术教育，2011（17）：51-54.
③ 朱肖川．关于职业教育资源库建设前端分析的研究 [J]．成人教育，2018，38（11）：68-74.
④ 陈桂芳，李小芳．职业院校专业教学资源库建设研究 [J]．科技经济导刊，2017（12）：148，150.
⑤ 尤莉．共生视阈下职业教育资源竞合关系演化机理及运作——以德国跨企业培训中心和技术转移中心为例 [J]．清华大学教育研究，2021，42（03）：129-136.
⑥ 谢俐．健全专业教学资源库 扩大优质资源覆盖面 [J]．中国职业技术教育，2019（19）：5-7.

建立一个交易机制、完善一个奖励机制、构建一个应用生态、开设一个国际频道[①]，构建起具有中国特色类型教育的信息化之路。

总体来说，十几年来，我国职业教育专业教学资源库在建设开发和设计上，不仅是充分借鉴了国际国内的开放教育资源及职业教育资源建设中的相关理论，还开创了独特的职业教育数字资源的建设理论。不是简单地照搬国际国内的成熟技术和资源，而是从全面提高我国高等职业教育质量的根本问题出发来"整建制"健全专业教学改革。

4.2 立足探索实践

十几年来，职业教育专业教学资源库的建设与应用在"整建制"资源"学习包"理论指导下，边建边用边反思，不断试验、不断更新、不断调整，整体促进了职业院校的专业教学改革。因此，将资源库应用在职业教育的教学实践中也是职业教育专业教学资源库科学研究的重点方向之一。这些基于资源库的应用性研究是从教学实践的层面对资源库建设进行了探索，对于职业教育的专业教学改革起到了重要的支撑作用，也成为高职教育信息化改革的亮丽名片。

4.2.1 引领专业教学改革创新

资源库的建设带动了相关专业群的课程体系改革及教学模式创新。十几年来，通过资源库构建的资源库校际联盟，各个专业的院校在使用专业教学资源库过程中，大胆突破传统的教学模式，为学生提供了多层次及全方位的立体信息环境，逐步实现了职业教育数字化转型。

朱春俐等在探究职业教育专业资源库建设的意义价值及路径时，提出职业教育资源库建设对高水平专业群建设具有引领作用，在教学资源效益提升、教学资源信息化建设以及教学资源服务社会经济发展能力方面都具有显著的价值。特别是在教学资源效益的提升上，实现了教学资源集聚、促进了专业群相关课程体系改革、创新了教学模式评价体系[②]。汪庆玲等通过对全国各地 104 家具有代表性的医院及院校组成联合开发团队共同构建的共享型全国高职护理专业教学资源库开展研究，发现护理资源库建设路径是先根据对行业需求和学校课程的调研结果形成新的护理专业人才培养基本要求，再提出护理教育课程改革的方向，争取打破传统课程模式，打破学科界限，针对临床护理实际进行优化重组、立体整合，促进相关课程的综合化、任务化和临床化[③]。

资源库的建设促进了职业教育专业建设生态圈的构建。职业教育专业资源库建设单

① 张启明，李晓秋，李礼，等.职业教育专业教学资源库提质转型与升级策略 [J].中国职业技术教育，2021（17）：25-30.
② 朱春俐.职业教育专业教学资源库建设的意义价值及路径 [J].职教论坛，2020，36（10）：58-62.
③ 汪庆玲，戴鸿英，蔡好珂，等.全国高职护理专业教学资源库的构建与应用研究 [J].中国护理管理，2013，13（09）：46-49.

位是集结一到三个全国各地的不同院校、行业企业联合主持，组建了共建共享联盟，这种联盟的方式打破了区域教育信息化发展存在的校际协同程度低、教育资源共享机制匮乏的巨大壁垒，构建了以专业为单位的高质量的职业教育资源共生共育生态系统，是"整建制"资源库建设思路的落地之举。多个校企共同主持建设的形式，使资源库建设相对高效，能为一个或多个价值链提供更多价值。以此为基础，便能建立一个可聚合部署、可协同建设、可共享使用、可持续发展的跨区域教育资源支撑平台。罗炳金等提出建设基于资源—平台—机制的协同关系，从而保障资源的可持续建设、素材资源的迭代更新，从资源库的应用推广出发，组建专业建设的生态圈，形成共建共享专业联盟和资源库建设共建共享机制，实现资源库的应用和推广的驱动力，提高用户受益面、活跃吸引力、提高学习有效性，最终形成协同教学的模式[①]。在信息化和协同理念的推动下，构建共享平台机制，衍生更多协同效应和共享平台，构建更多高效的教学服务，从而增强平台的黏性和竞争壁垒，以实现更大的专业教学资源库生态圈平台。

资源库的建设实现了岗位要求与教学内容有机融合。 人才链匹配产业链既是我国构建现代职业教育体系的必然要求，也是完善现代产业体系的客观需要，对我国人才强国和制造业强国战略的推进具有重要意义。2017 年 12 月，《国务院办公厅关于深化产教融合的若干意见》（国办发〔2017〕95 号）明确要求深化产教融合，促进教育链、人才链与产业链、创新链有机衔接。人才尤其是核心人才是企业的第一竞争力，企业的创新发展离不开人才。如何培育、引进技术型人才，解决企业人力资源紧缺问题，迫在眉睫，也是高职院校无法回避的人才培养难题。通过专业教学资源库建设与运作，将企业典型工作任务与教学内容有机融合，才能提高需求匹配度。王慧以高职院校计算机网络技术专业为例，提出遵循"设计—制作—集成—应用"的技术路线，以行业企业调研为基础，以毕业生就业岗位分析为切入点，以专业和课程普适性资源建设为重点，以搭建学校、企业、社会开放共享型专业网络平台为目标，从而有效地提升高职院校计算机网络技术专业人才培养[②]。

资源库的建设动了数字经济背景下职业教育的转型。 数字经济发展催生新职业，对持续提升劳动者数字技能提出了新要求。职业教育适应发展要求，旨在培养出适应这些新职业岗位要求的合格人才。中国职业技术教育学会会长、教育部原副部长鲁昕曾就数字化转型发表报告，她认为，数字化转型是提高教育质量的新路径。数字经济蓬勃发展，给社会带来了一系列颠覆式的变化，也驱动教育在生态系统、思维模式、知识体系、教育能力、教育技术等方面发生着深刻的变革。2021 年 3 月教育部印发《职业教育专业目录（2021 年）》，新版《目录》是在科学分析产业、职业、岗位、专业关系基础上，对接现代产业体系，服务产业基础高级化、产业链现代化的新专业目录体系。同

① 罗炳金. 国家职业教育专业教学资源库的资源·平台·机制协同探讨 [J]. 职教论坛，2019（12）：47–51.

② 王慧. 专业教学资源库平台构建与框架体系研究——以高职院校计算机网络技术专业为例 [J]. 中国成人教育，2011（24）：142–144.

时，职业教育要紧跟人工智能发展的步伐，形成数字化意识，树立数字化观念，进行数字化实践，推动专业和课程的数字化转型，并最终落地到课堂教学，助推数字经济背景下职业教育的转型。

罗毅洁等关注信息技术在职业教育领域中的应用，认为数字化教学资源建设已经成为高职教育信息化的核心内容。在建立资源开发规范的基础上，以资源碎片为基本单元，并按层级定义资源结构，建成"6+1"应用模块。通过解构工作来选取资源内容，各专业教学资源建设能深度融合行业企业需求，以企业典型工作任务与岗位需求为主导，使职业院校教学内容（知识点）与企业典型工作任务（技能点）有机关联。通过自主经费投入和商业化运营，充分调动各参与方的积极性，动态构建资源内容，做到技术与业界同步[①]。

资源库作为终身学习数字化平台体系的重要一环，在强化数字人才教育，加强数字技能培训，创新人才培养培训方式，吸引社会力量参与数字化人才培养培训等职业教育信息化转型中扮演着重要角色。

资源库的建设加快了日常智慧课堂实施评价体系的建立。 教学评价是教学的重要组成部分，对课程的实施具有很强的导向、激励和监控作用。职业教育专业教学资源库的建设，创新了职业院校专业教学的评价体系，促进了学生全面发展，引领了职业教育专业教学评价的转变。

余华明等认为职业教育与"互联网+"深度融合，将推动职业院校教育教学模式和育人机制的变革，他们结合制冷专业实践案例建构了"二主体、四对象和三维度"的基于资源库的智慧课堂实施评价体系[②]。职业教育变革的主战场在课堂，以核心能力培养为目标的智慧课堂实施面临着观念改变、技术平台搭建和保障机制实施等多方面的问题。基于资源库的智慧课堂的实施是改革课程评价模式的重要方法，引导着教师课程教学逐渐关注专业人才需求的实时变化和智能技术驱动的教学融合创新。

4.2.2　推动课堂教学改革实践

资源库的建设推动了"教"与"学"模式的转变。 技术驱动的教学改革模式，资源库加速了教师教学和学生学习模式的变革，突破传统课堂的时间和空间限制，打破以单向传授为主的教学模式，探索为学生提供个性化的学习支持。[③] 将职业教育专业教学资源库应用到课堂教学实践中，推动"教"与"学"模式转变，有效提升了教学效果。

教学模式可以定义为在一定的教育思想、教育学理论指导下，在某种环境中展开的

① 罗毅洁，王志明. 面向区域的职教数字化教学资源协同共建策略与运维机制[J]. 职业技术教育，2013，34（20）：38-41.

② 余华明，龙建佑. 基于专业教学资源库的智慧课堂构建、实施和评价[J]. 中国职业技术教育，2018（08）：57-62.

③ 郭庆志，王博，张磊，等. 国家级职业教育专业教学资源库建设与应用分析报告2016[M]. 北京：中央广播电视大学出版社，2017.

教学活动进程的稳定结构形式[①]。教学模式的形成是把握教学过程的规律，将教育理论应用到教学实践的一种简化形式，加强教学设计，帮助教师摆脱凭经验和感觉的授课方式，提供模式化教学方法体系，突出教学活动的特色和可操作性，是可供教师参照和遵循的教学方式。一般来讲，完整的教学模式包括理论基础、教学目标、操作流程、实施条件和效果评价五个基本组成部分。

基于技术变革背景下的职业教育专业教学资源库建设，当前学者主要聚焦在在线教学模式，以及线上线下融合教学模式上。以职业教育专业教学资源库为载体，通过课堂教学实践，应用资源库教学过程，教师角色由知识技能的传授者转变为教学活动的设计者、组织者、指导者，学生角色由知识技能的被动接受者转变为知识技能的主动探求者。疫情常态化，以及 5G、人工智能和大数据等技术加速了教育领域对线上教学模式、线上线下融合教学模式的积极探索。如 5G 技术提供稳定的数据传输条件，能够明显改善直播的画面清晰度、画面卡顿程度等。而人工智能和大数据能够精准分析学情数据，对学习过程数据和结果数据进行关联分析和深度挖掘，以可视化形式呈现分析结果，帮助学习者快速了解的学习情况，包括学习状态、学习投入、学习进度和学习效果等。

李鹏等提出未来中国职业教育在线教学模式转型，要做到三个教学设计的创新：一是转变为了"在线"而"在线"的教学模式，重新确立"在线 + 线下"相结合的混合教学模式作为职业教育现代化改革的长久战略；二是要充分利用信息技术，解构工作场所学习的虚拟空间，为职业院校学生创设有意义的学习空间；三是要在职业教育在线教学中，构建自我导向学习情境，调动和培养学生的自主能动性[②]。

资源库的建设提高了"教"与"学"的效果与效率。在资源库应用中，学习者的学习内容、学习手段、学习方式和学习模式均发生了深刻的变革。如从单一的纸质教材发展到全面的、立体化的教学资源等，各种类型的数字化教学资源越来越成为教学环节中不可分割的一部分。

资源库在应用中产生了大量的应用数据，如教师行为、学生行为、课程情况、课堂教学情况、学生成绩、活跃情况、登录情况等。一方面，通过对教师的登录次数、资源数、作业批改情况、教学评价等行为进行相关性分析，有利于找到教师信息化的弱点和痛点，筛选出使用资源库平台频次少、信息化水平相对落后的教师。可以有针对性地设计适合不同年龄段、不同信息化能力的教师培养计划，从而提升资源库整体教师的信息化教学水平。另一方面，通过学生行为数据、课堂教学、学生成绩进行大数据分析，有利于找到学生成绩的影响因素，构建适合不同类型资源库的学生评价模型，为多元评价提供理论基础。对学生来说，构建从学习课件、回答问题、参加测验、完成作业等全流程的画像，让学生既对学业成绩有正确的自我认知，又充分利用便捷的网络学习条件，

---

① 何克抗.建构主义的教学模式、教学方法与教学设计[J].北京师范大学学报（社会科学版），1997（05）：74-81.

② 李鹏，石伟平.职业教育在线教学模式转型：问题、经验与路径[J].中国电化教育，2020（08）：86-92.

查漏补缺以提高自己的学习效果[①]。

通过资源库建设带来的教育领域创新发展也会产生和演绎出相关学习理论的创新，教育技术不断更新换代，教学方法、教育理论、教学模式也不断进步，资源库建设必将极大地提高和促进职业教育的教育教学质量。

资源库的建设推进了资源共享和均衡发展。 韩锡斌、陈明选认为中国职业教育由于地域分布、发展历史等因素的影响，学校之间存在明显的不均衡发展问题。"职教 20条"提出要"健全专业教学资源库，建立共建共享平台的资源认证标准和交易机制，进一步扩大优质资源覆盖面"。2019 年《政府工作报告》在"发展更加公平更有质量的教育"一节中也强调，要发展"互联网 + 教育"，促进优质资源共享。"互联网 + 教育"不仅仅是优质职业教育资源的建设与共享，更为重要的是要借助互联网创新要素实施职业教育均衡发展的系统工程，培育持续的动力机制和常态化的支持机制，促进学校和培训机构、企业、社区、政府、研究机构等多方参与，在教育理念、基础设施、人员发展、体制机制、合作伙伴协同、研究与评估等方面统筹施力，构建发展共同体，还要与当地社会、经济、产业以及人力发展相融合，形成基于互联网的职业教育均衡发展新生态[②]。

资源库建设辐射和带动了本领域专业教学改革。 为了使资源库的应用发挥充分的示范效应，辐射带动联建院校其他专业及相关中等职业学校专业教学改革，资源库建设单位普遍与联建院校签订了《教学资源库应用推广任务协议》。资源库主持单位率先示范实践，发挥带动辐射作用。资源库主持单位与参建的职业院校和行业企业广泛开展应用推广，基于资源库的课堂教学模式，开展边应用与边完善、边总结与边探索等丰富多样的推广模式。联建院校则采用政策倾斜、适当奖励、宣传引导、学分互认等措施，推动本单位一线教师对专业教学资源库建设成果的应用，吸引学生主动应用专业教学资源库[③]。

4.2.3　构建特色推广应用模式

从资源库推广应用的基本路径视角出发，李敏等将国家级职业教育焊接技术与自动化专业教学资源库用于继续教育，分别建立面向企业用户和社会学习者的资源架构，以及相应的自主学习方式和教学互动的方式，以满足不同类型学习者的需求[④]。罗毅洁等认为专业教学资源库要制定针对不同用户的推广培训计划。一是结合区域内职业院校教

---

① 罗影 . 大数据视野下职业教育专业教学资源库的应用推广策略研究 [J]. 成都航空职业技术学院学报，2020，36（03）：26-29.

② 韩锡斌，陈明选 . 互联网 + 教育：迈向职业教育现代化的必由之路——《国家职业教育改革实施方案》（职教 20 条）学习启示 . 中国职业技术教育 [J]. 2019（16）：27-31.

③ 胡克满，梁律，沈燕君 . 高职院校教学资源库建设与应用 . 宁波职业技术学院学报 [J]. 2019，23（03）：30-34.

④ 李敏，王长文，孙百鸣，等 . 职业教育专业教学资源库应用于继续教育的研究与探索——以焊接技术与自动化专业教学资源库建设为例 [J]. 成人教育，2018，38（09）：85-88.

师培训，鼓励应用本平台进行教学改革、创新，丰富教学资源，促进专业建设和课程建设；二是鼓励学生建立"学习空间"，做到"人人通"，以提高学习兴趣，培养学习能力、职业能力和信息素养；三是面向企业及其员工推广使用企业培训资源，通过泛在学习解决工学矛盾[1]。王洪兰认为课程资源库平台搭建完成后，需要对课程资源加强管理，并将教学资源应用于实践。在实际教学过程中及时发现问题，对平台搭建或资源内容有修改的地方要进行及时修改，并进行监管，这样才能使资源库更加合格、运行更加高效，发挥应用价值[2]。

郭庆志等认为资源库提高应用成效要满足个性化学习需求，把学习者作为服务对象，有效发掘和满足他们个性化和多样的学习需求；拉近师生时空距离，实施师生深度互动；与实践教学紧密结合，适应职业教育人才培养模式需求[3]。潘菊素等从产学研联盟视域的角度，提出要不断拓展院校内外的宣传推广渠道，通过联盟的渠道进行应用推广。要制定应用激励制度，鼓励一线教师参与形式多样的资源应用交流活动，通过学分互认等方式，加强在联盟基础上的教学资源深层次共享应用。要不断提高用户体验，提高资源库的用户黏性，通过技术手段不断提高访问速度，加快移动平台的开发以满足用户基于移动终端的泛在学习需求[4]。罗炳金认为，为了促进资源库的应用，要在专业联盟内部设计基于课程的学习成果认证、积累、转换和运行的保障体系，资源库平台要对每个学习者的在线学习情况进行认定，赋予学习者在线学分。为了激励不同类型的使用者使用资源库，可采用积分制和虚拟货币奖励方式建立用户使用奖励和分级管理制度[5]。

从资源库推广应用的效果视角出发，许璟等以南京工业职业技术学院机电一体化专业教学资源库为例，通过调查问卷的方式对用户的使用满意程度进行调查。调查的结果反映了资源库应用过程中还存在用户的关注度和满意度不高的问题，需要进一步加大宣传和推广的力度。教师的信息化教育技术水平和认知也有待进一步提高。从资源库平台角度来看，资源质量、更新率以及平台系统的完善性决定了用户的满意度[6]。汪庆玲等以护理专业教学资源库为例，通过问卷调查发现用户使用和借鉴资源的比率较高，在使用

① 罗毅洁，王志明．面向区域的职教数字化教学资源协同共建策略与运维机制［J］．职业技术教育，2013，34（20）：38–41.

② 王洪兰．信息化背景下高职院校课程教学资源库的建设与应用［J］．信息与电脑（理论版），2017（05）：216–218.

③ 郭庆志，王博，张磊，等．国家级职业教育专业教学资源库建设与应用分析报告2016［M］．北京：中央广播电视大学出版社，2017.

④ 潘菊素，刘锐．产学研联盟视域下职教专业教学资源库共享机制研究［J］．职教论坛，2015（30）：71–75.

⑤ 罗炳金．国家职业教育专业教学资源库的资源·平台·机制协同探讨［J］．职教论坛，2019（12）：47–51.

⑥ 许璟，谢双．职业教育专业教学资源库使用现状调查研究——以南京工业职业技术学院为例［J］．中国培训，2015（20）：74–75.

过程中，用户对资源库指标功能、核心课程、资源素材性能等方面满意度较高。说明多数用户认为护理专业教学资源库设计合理，教学资源内容丰富，对教学、学习和工作有帮助。当然，资源库建设也存在一些不足，例如资源作品丰富性方面还须增加视频、动画、典型案例等资源数量；网络服务平台的易用性方面须缩短访问路径，设置便捷性的查询功能，以适应不同需求等[①]。刘彩琴等以汽车检测与维修专业教学资源库为例，认为资源库促进了在校生的自主学习，满足了学生个性化学习和终身学习的需要。学生用户使用满意度在91%以上。资源库为教师搭建了课程开发和经验交流的平台，教师通过资源库可以进行课程开发和课程教学。避免了大量的重复性劳动，提高了工作效率和教学效果。教师用户使用满意度在90%以上。资源库有利于企业员工进行在岗培训和校企合作交流，实现人才培养、学习、就业的有机结合。企业员工用户使用满意度在96%以上。资源库方便社会学习者了解汽车及其产业状况，汽车资源库平台为社会学习者专门构建了汽车博物馆，全方位向社会学习者和汽车爱好者展示汽车及其产业状况。社会学习者用户使用满意度在96%以上[②]。余华明等以制冷与冷藏技术专业教学资源库为例，通过设计调查问卷让"制冷流体机械"课程110名学生对某阶段课程进行了评价。其中，76%以上的学生认为智慧课堂对资源、设备、工具和学习活动的准备及应用实施是有效的，提升了自己的学习效果[③]。

从资源库推广应用的方式视角出发，杜蕾等总结出一套"以学生为中心"的同步、异步混合式在线教学新模式，通过在线教学建设有限度、有高度、有深度、有温度的四维课堂，保证线上教学质量的同时，充分发挥专业课程的价值引领作用，将新冠肺炎疫情防控融入教育教学，指导学生注重病毒知识和防护知识，加强对学生的生命安全教育、公共安全教育和心理健康教育，深入推进课程思政，实现学科知识教学和疫情防控教育的有效融合，进一步提升专业课程育人功能，将教学效果最大化[④]。

赵雷等提出了虚拟与现实结合，理论与实践结合，仿真与实操结合的"四位一体、虚实结合"的混合式在线开放教学方法。针对混合式教学模式给出教学活动的具体设计内容，包括交互式视频设计、异步讨论主题设计、课程答疑库设计、作业的设计和在线测试题库设计[⑤]。王永玉应用MOOC、SPOC和翻转课堂对"数字信号处理"课程采用线

① 汪庆玲，戴鸿英，蔡妤珂，等．全国高职护理专业教学资源库的构建与应用研究[J].中国护理管理，2013，13（09）：46-49.
② 刘彩琴，王学东，于万海．汽车检测与维修专业教学资源库建设与应用研究[J].中国职业技术教育，2013（20）：45-48.
③ 余华明，龙建佑．基于专业教学资源库的智慧课堂构建、实施和评价[J].中国职业技术教育，2018（08）：57-62.
④ 杜蕾，赵丽芳，王许云，等．"以学生为中心"的同步异步混合式化工专业课程在线教学新模式教学总结[J].山东化工，49（11）：175-176.
⑤ 赵雷，杨奕，张利国，等．基于混合式教学的"液压与气压传动"在线开放课程设计[J].实验技术与管理，2018（5）：159-162.

上线下混合式教学模式[1]。王涵提出课程理论教学与生活实践学习以及师生共同体和虚拟共同体的"双线混合"教学模式[2]。李敏提出依托企业微信和优慕课网络教学平台，构建课前、课中、课后三阶段有机结合，同步在线教学与异步在线教学相互衔接的在线教学模式[3]。

---

[1] 王永玉．基于"MOOC+SPOC+翻转课堂"的"数字信号处理"课程教学改革研究[J].创新教育研究，2021，9（3）：712-717.

[2] 王涵．疫情背景下"双线混合"教学模式及相关问题辨析[J].宁波职业技术学院学报，25（02）：64-67.

[3] 李敏．三阶段同异步混合的《国际贸易学》在线教学实践[J].中国教育信息化，2020（20）：63-66.

第五部分 优化机制，激发活力

职业教育专业教学资源库自正式启动以来，经历了探索建设、内涵提升、强化应用、服务转型的不同阶段①，坚持问题导向，不断变革。在持续完善各项管理机制创新的过程中，资源库的教学资源供给能力和教学服务水平有了很大的提升。以服务学生和课堂教学为目标，资源库搭建了满足兼顾典型示范和个性需求的教学资源平台，形成了职业教育教学资源管理和共建共享机制，实现了从提供资源到提供服务的转变。

5.1 建设管理机制

只有建设好专业教学资源，才能更好地推广和应用专业教学资源库。因此，为了建设和开发出优质教学资源，需要从组织领导、资金投入、平台运行、质量管理等多个方面建立相应的保障机制。

5.1.1 加强行业专家引领能力

为了保障国家一流的专业教师团队参与专业教学资源库的建设和开发，资源库的工作指南中多次提出，要求每个资源库的建设专业均须由主持院校负责并牵头组建能够代表本专业国家一流水准的专业教学资源开发团队，成立建设指导小组，设置首席顾问，聘请行业协会、企业及高职院校的专家参与，鼓励跨区域组建项目团队，选择与所建资源库专业领域相关的全国性行业协会和先进企业，统筹协调建设工作。

（1）聘请行业权威专家，提升资源库权威性。

北京电子科技职业学院主持建设移动应用开发专业教学资源库，聘请中国工程院院士李德毅为首席顾问，同时还邀请了15名资深职业教育教学专家和熟悉移动应用开发行业先进技术和规范管理的企业家及行业专家，围绕资源库建设思路、开发规划、项目框架结构、课程体系、平台结构与资源分类以及特色专题库建设等关键问题，给予了全局性的指导。

---

① 张启明，李晓秋，李礼，等.职业教育专业教学资源库提质转型与升级策略[J].中国职业技术教育，2021（17）：25-30.

陕西工业职业技术学院主持建设材料成型与控制技术专业教学资源库，联合相关职业教育教学指导委员会、专业指导委员会和职业教育师资培训基地等组织和机构，牵头成立全国机械行业材料成型专业职教集团（联盟）。聚焦职教集团优质资源，以"请进来"的方式邀请全国职业院校材料成型相关专业的教学名师组建教学资源开发顾问队，指导教学资源的开发与建设。邀请行业企业资深的技术技能专家赴职业院校，依托资源库面向学生开展材料成型与控制技术的专题宣讲、论坛等活动。组织职业院校优秀教师赴行业企业，利用资源库开展面向在岗员工的职业培训，推广资源库中的优质教学资源，形成了教学资源"越有用—人越多、人越多—越好用"的良性循环，促进优质教学资源的持续建设和开发，推进资源库持续运营与共享，最大限度发挥资源库的作用。

（2）跨区域组建项目团队，扩大资源库覆盖面。

重庆城市管理职业学院主持建设微电子技术专业国家级教学资源库，与中国半导体行业协会、重庆半导体行业协会等行业协会长期紧密合作，邀请行业协会专家团队指导微电子技术专业教学资源开发工作。在专家团队的指导下，将国际一流企业的内部员工培训资源引入资源库建设中，为资源库建设提供了大量生产一线的工程案例和技术支持，教学资源的开发更具前瞻性、先进性、普适性和推广性。参与企业涵盖了集成电路设计、制造和封装测试和电子产品制造领域，不仅代表了行业的最高水平，而且在地域分布和从事产业链方向上也具有广泛的代表性，确保了资源库建设内容与行业发展的契合度。

（3）与行业知名团队合作，保证资源库引领性。

襄阳职业技术学院主持建设特殊教育专业教学资源库，引入特殊教育领域的领军型专家名师和行业企业专家共同组成资源库指导与建设团队。例如，聘请国内知名专家名师把脉，邀请中国康复学会智力残疾康复专业委员会副主任肖非教授担任指导，组建由行业顶尖专家领军的专业建设指导团队，以及由行业组织、开设特殊教育专业的高校、残疾人康复辅具生产企业、部分特教和康复机构相关专家组成的课程建设团队。专业建设指导团队和课程建设团队，通过建立资源共享、合作共赢、深度融合的合作开发运行管理机制，采用先进的网络信息、资源开发技术，保障了资源库中教学资源与行业企业实际的紧密联结，高标准高质量完成建设任务。

5.1.2 改革建设资金投入方式

资源库的建设与开发离不开项目资金的持续投入。在专业教学资源库的发展过程中，各承建单位加强校企合作，深化投入改革，逐渐走出了以中央财政资金投入为主、省级保障、学校配套、行业企业参与的多方共同投入的实践道路。

职业教育专业教学资源库建设工作手册中先后提出，"专业教学资源库的建设资金由中央财政部支持，主要用于素材制作、企业案例收集制作、课程开发、特殊工具软件制作、应用推广、调研论证、专家咨询等方面的开支，要根据国家有关规定，将调研论证和专家咨询费严格控制在10%以内，经费使用须符合《教育部财政部关于印发〈国家示范性高等职业院校建设计划管理暂行办法〉的通知》（教高〔2007〕12号）的有关要求。"专业教学资源库建设资金由部门专项资金和项目筹措资金两部分组成，同样按照资金使用用途来严格执行。建设单位须按照专款专用，按照《资金管理办法》要求，分配、筹措、使用和管理建设资金，合理编制和执行预算，强化监督和检查，全面实施绩效管理，实行绩效年度考核制，加强绩效年度评价结果的应用，绩效评价结果与下一年度预算拨款挂钩。对于省级经费保障方面，提出"省财政结合央财资金，对立项建设资源库给予经费支持。省专项资金为引导性、补助性经费，预算差额部分由建设团队筹措补齐，建设方案中要明确筹措经费渠道。"

（1）按照资金预算编制和管理的原则开展相关工作。

江苏食品药品职业技术学院主持建设食品加工技术专业教学资源库升级改进支持项目，加强经费有关规定的执行和监督。例如，对项目资金的使用与管理严格按照国家的法律法规和财经纪律、《职业教育专业教学资源库建设资金管理办法》《职业教育（食品加工技术）专业教学资源库建设资金使用与管理实施细则》的规定和要求执行。资源库升级改进涉及政府采购的支出项目，均按照政府采购及招投标有关规定执行，采购的设备和软件均纳入学校国有资产统一管理。项目主持单位与参建单位签订子项目合作协议书，要求定期提供专项资金的使用情况表及子项目资金预决算报告，追踪检查项目进度和资金的使用情况。项目资金统一纳入学校预决算管理，项目资金实行专款专用、专账核算。主持和参加学校的监察、审计部门对资金使用情况的监督检查，保证资金使用的合法性和有效性。

（2）严格财务预算，按照要求执行经费开支。

淄博职业学院主持建设职业教育快递运营管理专业教学资源库，严格按照教育部《职业教育专业教学资源库建设资金管理办法》（教财厅函〔2016〕28号）和《职业教育专业教学资源库建设工作手册（2018）》规定编制预算和使用项目建设资金，财务核算规范，管理机制健全，措施到位，执行成效好。截至2020年底，项目建设预算到位资金850.53万元（其中：部本专项资金500万元，行业支持资金50.53万元，院校自筹资金300.00万元）；项目建设资金实际支出843.98万元（其中：部本专项资金支出500.00万元，行业支持资金支出49.53万元，院校自筹资金支出294.45万元）；项目建设资金支出综合执行比率达99.23%。项目建设支出主要用于素材制作、企业案例收集制作、课程开发、特殊工具软件制作、应用推广、调研论证等。其中素材制作资金支出执行比率为100.27%。资金到位率和资金执行率的高比例，有效支撑了资源库中优质教学资源的建设和开发。

（3）预算与经费开支中严格执行限制性事项。

黄河水利职业技术学院主持建设水利水电建筑工程专业教学资源库升级改进项目，专门制定了《水工专业教学资源库升级改进项目专项资金使用与管理细则》等规范文件。在文件中明确规定资金的使用范围，包括素材制作、企业案例收集制作、课程开发、特殊工具软件制作、应用推广、调研论证、专家咨询等方面的开支。资金使用严格按照规范要求，对于下拨的部本专项资金，专款用于职业教育专业教学资源库建设的直接支出，而对于"专家咨询"等非直接支出则从项目筹措的其他资金中统筹安排，在项目经费开支中严格按照各类要求执行。

北京政法职业学院主持建设了法律文秘专业教学资源库，建设领导小组制定了《职业教育法律文秘专业教学资源库建设项目国库集中支付管理办法》《职业教育法律文秘专业教学资源库建设项目资产管理办法》《职业教育法律文秘专业教学资源库建设项目合同管理办法》和《职业教育法律文秘专业教学资源库建设项目专项资金管理办法》等系列规范制度，明确了项目资金使用的方向、范围和审批流程，完善了财务管理体系。各参建单位按照要求严格执行项目管理办法等制度，项目资金全部纳入预决算统一管理，并按照有关部门批复下达的专项资金预算进行总体控制，实行统一规划、专账核算、专款专用，严格控制费用支出，把调研论证和专家咨询费控制在10%以内，确保项目建设资金支出科学合理、规范高效。

5.1.3 健全资源建设质量管理体系

高质量教学资源推动职业教育教学改革，资源库内容的质量建设是资源库质量工程管理工作的重心之一。资源库主持单位和运行平台应建立全面的质量管理体系，健全资源质量审核机制，优化资源库应用环境，定期开展自评和审查，确保资源建设和应用质量，并对资源的合法性、科学性、教育性、技术性、艺术性及知识产权负责。

哈尔滨职业技术学院、常州工程职业技术学院、四川工程职业技术学院联合主持建设焊接技术与自动化专业教学资源库。在资源库建设过程中，建立资源质量审核机制，制定资源评审标准、资源遴选流程、资源更新流程等工作管理制度。首先，专门设立了教学资源评审委员会，针对教学资源的设计、制作、采集、上传及应用等各个环节，均制定了严格的审核制度，确保资源质量和使用效益，避免知识产权纠纷。其次，经专家审核组审核通过的资源，及时上传至资源库网站。对已经上传的资源，审核组成员利用寒暑假进行更新审核，切实提升了教学资源质量水平。

宁波卫生职业技术学院主持建设康复治疗技术专业教学资源库，制定多项管理制度，强化过程管理。一是制定《高等职业教育康复治疗技术专业教学资源库共建共享管理办法》《职业教育康复治疗技术专业教学资源库建设资金使用与管理细则》《国家职教康复治疗技术专业教学资源库共建共享联盟在线学习课程校际学分互认框架协议》等，保障项目有序推进。二是建立样板示范制度。制定各类资源样板（如教学设计、课程标准等），保证资源建设的规范、质量统一。三是建立定期工作会议制度。根据建设进度及时召开工作探讨会、中期检查验收评审会、重点工作部署会、进展汇报会、验收工作会等，统一思想和步骤，协调推进各项工作。四是建立定期通报制度。定期印发《工作简报》和《情况告知书》，通报各项目建设进展和质量情况，确保建设高质量资源库。

5.2 应用推广机制

建设是根本，应用是目的。科学完善的资源库应用推广机制是职业教育专业教学资源库充分发挥人才培养服务和社会培训服务功能的重要保障。《职业教育专业教学资源库建设工作手册（2017）》明确规定，资源库要"边建边用""建用结合"，避免重建设轻应用，必须把资源库的应用推广放在重要位置。在资源库应用推广中，应当将资源建设者、使用者和环境等各要素有效结合起来，才能面向不同主体、不同平台、不同用户提高专业教学资源库的受益面，形成符合应用推广基本规律的有机整体，最大限度地发挥资源库的辐射效用。

5.2.1 全主体共建共享资源

根据资源库相关文件要求，鼓励资源库项目团队充分运用需求导向、应用激励的策略。因此，资源库的建设应当充分发挥资源内容的共建、共享，并形成多种使用模式。一是把资源库使用融入参与建设学校的专业教学全过程，促进教师率先使用，引导学生全面使用；二是探索基于资源库学习校际学分互认的实现形式；三是鼓励合作企业使用资源库进行员工继续教育培训，支持企业员工广泛使用；四是发挥资源库服务学习型社会建设水平，吸引社会学习者进入并广泛使用。

资源库鼓励由项目主持院校联合全国相关职业院校、行业、行业协会和知名企业成立以建设与推广为主要目标的共建共享联盟，制定基于联盟成员的章程及相应的规章制度，明确各成员单位的权利、责任和义务。充分利用各成员单位的优质资源，共同开发、上传、使用、推广专业教学资源，创建共建共享及应用推广机制，保障专业教学资源库的持续建设、持续更新、持续应用，提升教师授课效率与质量，确保满足不同类型用户的需求。

（1）通过建立共建共享联盟和参建单位推广应用资源库。

武汉船舶职业技术学院主持建设船舶工程技术专业教学资源库，基于共建共享联盟实现实际活跃用户量快速增长。2020年4月，船舶工程技术专业教学资源库活跃学生用户数量达到29 604人，创下单季度增长人数最快的纪录。观测2020年3—4月资源库使用情况关键指标，"日志数量"由日均2 000左右增长到日均20 000左右，增幅达到近10倍，实际活跃用户数量增量也达到近10倍。该资源库能够获得较好的应用效果，一是联盟内各联合建设单位将"船舶工程技术专业教学资源库"网络链接加入其单位网站首页或培训网页，方便各单位师生、员工快捷使用资源库。二是创新资源库学习学分制，联盟内各参与建设院校船舶类专业在籍学生通过专业教学资源库注册、登录学习而取得的学分可认定为相应必修课学分，非船舶类专业在籍学生参加专业教学资源库注册、登录学习而获1学分以上，可以认定为一门任选课相应的2学分。同时鼓励教师利用资源库作为学生理论学习和技能培训平台。通过充分发动联盟内的参建学校，激活学生用户和教师群体，快速扩大了资源库的应用范围和影响。

金华职业技术学院主持建设的学前教育专业教学资源库，通过联盟内的参建院校共同设立的《职业教育学前教育专业教学资源库共建共享联盟简章》，确认建立并实施基于资源库及其应用平台的课程教学共享应用机制。通过4个"鼓励"强化资源库应用并推进专业建设与教学改革，即：鼓励专业教师利用资源库及其应用平台，将反映本单位最新课程教学改革成果的课程在联盟内共享；鼓励探索利用资源库和"智慧职教"平台，建立和实施学分互认机制，开展校本SPOC和MOOC建设，将线上线下混合式教学融入人才培养方案和专业课程标准、教学大纲和考核方案；鼓励联盟成员在教师绩效考核、职称评定、教师评优等方面向开展基于资源库建设和应用的信息化教学改革参与者倾斜；鼓励联盟成员积极向周边兄弟院校、中职学校和幼儿园等学前教育机构推广资源库。通过4个鼓励的措施的实施，学前教育专业教学资源库的各类用户数规模保持在全国前列，对联盟内各职业院校的学前教育专业建设起到了重要的支撑作用。

浙江建设职业技术学院、四川建筑职业技术学院联合建设工程造价专业教学资源库，成立资源库推广应用小组，四方联动推广资源库应用。一是组建了以核心成员、种子教师、技术骨干等为主体的资源库推广应用专家小组，分赴石家庄、兰州等市推广资源库应用，共有105个学校、724名骨干教师、324名企业人员参加了学习。二是四方联动广泛应用，参与学校企业首先推进、四个课堂一体推进、推广校企分块推进及全国各地面上推进，4家参建企业更是将资源库平台纳入职工继续教育、技能提升培训系统。三是针对中高职衔接问题，优化课程体系，将高职部分选修课程延伸到中职阶段，出台了《职业教育工程造价专业教学资源库中高职一体化先修管理办法（试行）》，规范了获得学分的具体要求，推广了资源库，提高了人才培养质量，引领了教育资源均衡发展。

山西省财政税务专科学校、山东商业职业技术学院主持的会计专业教学资源库项目在课程建设与应用、个性化课程建设和学校推广应用等方面成效显著，用户数量为53 913人，活跃用户达到52 794人，其中学生用户达到49 141人，教师用户2 569人，社会学习者2 035人，企业用户168家，用户遍及全国1 047所院校和单位。经过推广应用，参建院校建设了资源库推广应用的制度体系，系统推进了人才培养方案、课程标准、课堂教学等学校教育教学顶层设计，基本形成了基于资源库"在线资源"的教学标准、课程标准，探索了基于互联网+的线上线下混合教学、翻转课堂等多种教学模式，出版立体化资源配套教材使用应用推广。"会计专业资源库"出版的系列配套教材，包括13门核心课程和1门拓展课程，发行量超过43万册。学习者技能水平和就业能力明显提升，教师的信息化教学水平和行业影响力明显增强，不仅为"管理会计转型期"提供了课程体系，而且为自主学习人员提供了能学辅教的教学资源和技能培训系统，有力推动了全国职业院校会计专业的同步建设和持续发展。

资源库建设应用坚持服务性、公益性、开放性、共享性原则。因此，其服务对象不仅包括职业院校教师、学生，还扩大到企业职工和社会学习者，教学资源的建设充分考虑企业员工继续教育、技能提升的需求。鼓励参建行业企业使用资源库进行员工继续教育培训，并在员工考核中加强资源库使用。在资源库应用推广过程中，各资源库项目主持院校发挥示范引领作用，鼓励和发动各参建院校通过产教融合的形式应用资源库资源，并在使用指导、技术服务、用户注册等方面给予全面支持。鼓励参建院校、其他兄弟院校和合作企业将资源库的应用推介给其本区域的各职业院校和行业企业。充分发挥行业协会和地方政府等公众的辐射带动作用，依托政府和行业协会，面向社会学习者、企业人员集中开展资源库应用宣传与推广。

（2）通过产教融合行业企业推广应用资源库。

天津市职业大学主持建设的酒店管理专业教学资源库升级改进项目，以"定位高端，反哺中小微"为目标，面向中小微企业的推广应用。项目组服务中小企业7个，企业用户300余人，培训收入近15万元。与新疆和田地区的2家企业签署了资源库应用协议，将个性化培训模块制作和资源库的学习纳入企业人力资源管理，通过走入中小酒店企业的资源库推广工作将"一带一路"的倡议融入活动的始末，开阔和丰富了新疆和田地区的中小酒店企业的发展视野。2019年到相关企业开展酒店管理专业教学资源库的应用推广经验交流，应用微课程、校企直通车以及社会服务等模块进行酒店行业职业标准规范的宣传与讲解，并帮助酒店员工完成社会学习者的注册工作和相关培训课程学习。

江苏农林职业技术学院主持建设的园林艺术专业教学资源库升级改进项目，依托中国风景园林学会、江苏省园林协会等行业协会进行资源库应用推广。一是在合作举办园林工程项目负责人培训会上，资源库部分课程被指定为该项目培训课程。二是牵头组建了"江南园林产教联盟"。针对当前大多数园林企业小而弱的现状，资源库将企业先进工法、行业最新技术标准、优秀园林建设案例转化为教学资源，为企业搭建了线上培训、学习交流平台，促进了现代园林产业转型升级。三是受中国风景园林学会委托，在江苏农林职业技术学院开展园林项目负责人培训和考评工作，采用资源库培训课程开展线上线下混合式培训，制作了造价员、二级建造师等相关培训课程，为企业员工提供了职业培训、终身教育平台，开展学员培训及考试考核。

浙江经贸职业技术学院主持建设的农产品与食品质量检测技术专业教学资源库，发挥和借助供销社系统组织、网络和资源优势，提高资源库在供销社系统的影响力。一是通过主持国家级科技特派员创业培训基地、浙江农民大学经贸校区、浙江合作管理学院等"为农服务"平台，强化与各级供销社、社有企业、农民专业合作社的合作，在各类培训班、春耕会、研讨会等场合进行宣传和推广。二是搭建供销行业职业教育资源和产业资源共享的平台，利用农民大学网站、农产品质量安全检测等专题资源、农产品经纪人等工种培训资源以及农产品快速检测等微课资源，尝试"互联网＋农民培训"模式，实施线上线下混合式教学，开展新型职业农民培训。三是利用主持院校参与省政府"智慧农资"服务平台建设的优势，本着"开放、共享，共赢"的原则，将资源库相关素材与"智慧农资"资源进行融合，实现碎片化资源的再生和利用，大大提高了资源库在供销社系统的影响力。

河南农业职业学院主持建设的种子生产与经营专业教学资源库，依托河南省种子协会（170余家成员单位）、郑州市种子协会（80余家成员单位）等各级协会搭建满足现代种业企业需要的培训平台，得到了广大种业企业负责人的高度认可。一是搭建了5门必需的个性化课程，实现了企业员工注册→学习→学习轨迹记录→学时统计与评价的在线学习全过程记录，替代线下的企业员工会议培训发证工作。二是制作资源库企业员工使用手册，并在种业企业、行业协会、学校招聘会上发放、宣传和推广资源库。三是通过资源库培训中心平台开展对现代种业企业员工自主学习培训，合作企业实施员工在资源库企业培训中心平台的自主学习效果与员工奖励薪酬挂钩，并制定了平台使用管理办法，降低了企业业务培训成本。目前，企业员工注册学习人员达4 000多人。全国范围内受益企业达230多家，有100多家把培训中心平台作为企业员工素质提升的主渠道，受益员工达2 000多人。

5.2.2　全平台赋能使用体验

为加强资源库应用推广，让更多的行业企业用户、社会用户共享资源，资源库的开发者、建设者在深度分析目标使用人群基础上，构建了基于使用者导向的全平台推广策略。在媒体上推广，在学生技能比赛和教师信息化教学比赛中推广，利用学术交流会或培训会进行推广，及时有效地宣传优质资源，提高了资源库的曝光度和影响力，扩大了资源库的使用范围，形成了专业教学资源库平台的品牌效应。

（1）通过媒体平台推广资源库。

为促进专业教学资源库的利用效益，资源库项目组充分利用各种传播媒介宣传推广。通过共建共享联盟链接资源库平台，扩大在职业院校里的用户范围；利用电子邮件定期将资源库更新概要和开展的相关活动推送给注册用户，提升资源库的服务性；利用微博、微信等信息平台及时发布信息，体现资源库内容的前沿性；举办专业教学资源库媒体见面会、专题讲座、知识竞赛等活动，并邀请媒体及时报道，提高资源库的社会知名度。

广东轻工职业技术学院主持建设的高分子材料加工技术专业教学资源库，运用网络推广、微信推文、活动宣传、吸引用户等媒介推广模式，运用"发出去""转起来""走出去"和"留得住"四项策略进行推广。一是网络推广"发出来"。借助网络推广和宣传资源库。在网络用户众多的优酷、腾讯视频等知名视频网站上传资源库专业微电影，在百度贴吧、微博上发帖进行资源库的宣传。二是微信推文"转起来"。资源库通过开设微信公众号，利用微信强大传播力扩大资源库的影响，定期发送高分子专业科普及专业前沿知识推文，每个参建单位都能参与专业推文制作，定期更新，通过朋友圈实现资源库的有效推广。三是推广宣传"走出去"。资源库通过组织高分子专业研讨会议、参加各项行业会议和校企交流、组织学生在校园宣传等三种方式"走出去"来进行资源库的推广。四是各类用户"留得住"。通过赠送、奖励、销售等方式将带有资源库LOGO的礼品发放给资源库用户，推广了资源库、增加了用户黏性、塑造了用户口碑，形成了良性循环发展。

（2）通过赛事平台推广资源库。

支持项目主持院校及参建单位利用资源库资源，以各级学生技能大赛为抓手，服务职业院校技能大赛的训练，深化师生层面推广应用。充分发挥教师在教学资源库应用中的主渠道推广作用，以现代信息化教学竞赛为引领，以赛促建、以赛促用、以赛促推，依托资源库平台开展教学活动，鼓励教师将资源库的应用与教学管理过程相结合，全面推动资源库的应用与推广。

常州机电职业技术学院主持建设的工业机器人技术专业教学资源库，运用在线培训课程助推全国虚拟仿真大赛培训。资源库与ABB集团等联合设计实施了全国高职院校工业机器人虚拟仿真竞赛，利用智慧职教资源库平台发布竞赛训练课程、竞赛作品等，已经组建相关在线开放课程5门。参赛选手在赛前可在线学习"工业机器人工作站系统三维建模""工业机器人现场编程"等课程，参考往届竞赛作品进行竞赛训练。2015年以来，资源库联盟设计实施了五届全国高职院校工业机器人虚拟仿真竞赛。每届有约50支学生代表队参赛，受益学生达1 000名以上。虚拟仿真大赛，提供了160余个精彩的工业机器人虚拟仿真案例，培养了650余名企业急需的工业机器人方案设计等高端技术技能型人才，促进了工业机器人虚拟仿真技术在职业院校的推广。

宁波职业技术学院主持建设了物流管理专业教学资源库升级改进项目，校企合作开展"长风学霸赛"推广资源库。2016年10月17日—11月22日，项目团队与北京络捷斯特科技发展股份有限公司合作开展"互联网+"数字化学习竞赛即长风学霸赛，该竞赛覆盖面广、参与度高，全国22个省、5个自治区、4个直辖市累计128个城市的784所中高职、本科院校，共计854名教师，43 855名学生参与到竞赛中。从各省市参赛人数上看，广东、江西、四川、上海、浙江、广西、黑龙江7个省份的参赛人数最多，均超过2 000名师生，西藏、新疆、青海、内蒙古、海南等较偏远地区的院校师生也积极参与到这届学霸赛中。

（3）通过培训平台推广资源库。

信息技术赋予了专业教学资源库"推动教学改革、搭建校企融合平台、服务社会需求"的三大功能。相关文件中提出资源库应在提供丰富、高效、先进的专业教学与岗位培训资源的同时，通过开展课程开发、资源利用、运行管理等培训活动，提高专业教学资源库推广受益面，最大限度发挥培训效用。值得一提的是，部分资源库在服务国家"一带一路"建设，服务相关产业领域培训资源建设等方面产生了显著效果，在课程资源输出方面为今后职业院校的海外办学奠定了基础。

新疆农业职业技术学院主持建设的作物生产与经营管理专业教学资源库以农业职业教育集团为平台进行推广应用。一是在全国7个大农业区域设置牵头院校利用职教集团平台、联合申报院校利用中高职师资培训和省培项目等面向全国农业职业院校进行项目推广。全国有40多所职业院校500多名教师通过上述途径使用项目教学资源开展培训工作。项目联合申报院校和企业也有3 000余人参与项目建设或参加项目组织的专题培训。二是支持院校成立脱贫攻坚专家服务团，通过"职教云"平台对两个托管学校的2万多名师生使用资源库资源进行培训，提升南疆教师信息化教学能力，为脱贫攻坚助力。三是服务"一带一路"。依托专业合作企业新疆广宇科技发展有限公司在吉尔吉斯斯坦"奥什孔子学院"用作物生产与经营管理专业教学资源库中的资源对当地学院进行棉花、玉米、植物保护等课程培训，得到学生一致好评。

5.2.3　全方位激发用户参与

职业教育专业教学资源库面向学生、教师、企业员工和社会使用者等各类用户服务、开放，充分发挥能学辅教的功能，为不同学历程度、不同学习基础的用户提供所需的资源和学习方案。结合产业发展和转型升级等新需求，资源库针对学生、教师、企业员工和社会使用者四类用户广泛开展应用培训和宣传推广，实现了教师率先应用、学生广泛使用、行业企业人员深度参与及社会使用者积极运用的局面，逐渐形成服务技能型社会建设的品牌影响力。

根据资源库相关文件中关于加强应用推广的意见，各职业院校积极将资源库内容应用于学生的线上和线下课堂中。通过线上线下混合式教学模式，扩大专业教学资源库的适用范围和应用场景；改革课程成绩的评定方式，均衡线上线下的成绩占比；基于优质专业课程，推行联盟学校间的学分互认模式，以实现资源优势互补。

（1）积极引导学生使用资源库中的教学资源。

绵阳职业技术学院、常州工程职业技术学院、山西职业技术学院联合建设的建筑材料工程技术专业教学资源库，建立学分互认机制，主持单位牵头制定了《专业教学资源库课程共享学分互认管理办法（暂行）》，从课程建设、开课、课程管理、成绩与学分确认等方面进行了规定，积极促进联盟院校间的学生互动培养。目前，联盟内各校学生学习课程无校际界限，在已开课的212期标准化课程中，132期课程为联盟内非本校建设的课程，占比62.3%，学生学习后经考核合格，所在院校均承认其成绩和学分。

北京电子科技职业学院主持建设的移动应用技术专业教学资源库，通过开发职业能力标准与职业能力证书，极大地激发了资源库使用量。引领移动应用开发专业建设，为资源库课程考试、社会培训提供统一标准。在建设过程中，建设团队与中国通信工业协会教育分会联合行业企业开发了"移动应用开发工程师"和"移动应用测试工程师"两个职业能力标准与职业能力证书，受到在校学生的广泛认可和欢迎，学生用户资源库访问量相较之前增加了近2.5倍，资源库教学资源的使用人次和应用人次也相较之前实现了大幅提升。

（2）促进激励教师应用资源库中的教学资源。

杭州职业技术学院、山东科技职业学院、全国纺织服装职业教育教学指导委员会联合建设的服装设计与工艺专业教学资源库，立足"时尚＋科技＋工匠精神"服装产业人才培养需求，融入新技术、新工艺、国际化等最新建设元素，联合企业共建生产案例库、流行信息库、技术工匠操作视频库等。鼓励学院教师和参建院校教师依托资源库开展教学改革，实现在线教学贯穿课前、课中、课后全过程，打破了课堂与生活、学习、实训、工作现场的边界，教师与学生之间逐渐实现了静态与动态、线上与线下、虚拟与现实多元结合的师生互动模式。结合资源库开发了新形态教材 24 本，更好地促进和服务了教师课堂教学。其中，"服装立体裁剪"课程入选教育部首批课程思政示范课，多名课程主持教师获得国家级荣誉。截至 2021 年 12 月，教师用户数达到 1 133 人，带动用户总数达到 49 388 人。

平顶山工业职业技术学院、中国煤炭教育协会联合建设的通风技术与安全管理专业教学资源库，以专业标准库、课程资源库、行业企业信息库、资源素材库"四库"为数据核心支撑，围绕各类用户的实际需求，依托社会服务提升平台、学员素质拓展平台、职业技能培训平台"三平台"建设，定制各类资源组合包，鼓励教师主动利用库内相关课程开展线上线下混合式教学改革，并根据课改实效进行学时奖励，激发教师使用优质教学资源的积极性。截至 2021 年 12 月 31 日，激励和带动教师实施线上线下混合式教学改革 30 余门，参与教师 800 余人，服务学生 37 000 余人。在省级及以上各类技能竞赛中，获得 20 余项一等奖。

（3）积极培育企业及社会用户使用资源库中的教学资源。

湖南中医药高等专科学校主持建设针灸推拿传承与创新专业教学资源库，面向社会学习者构建灵活开放的终身教育体系，推动资源库应用。一是为社会学习者提供"免费""不下课"的业余大学。社会学习者登录平台可进行资源检索、自主学习、提问交流等，生动形象的教学动画和仿真实训资源满足了社会学习者个性化需求。专家在线咨询服务和丰富拓展资源，增强了资源库的社会服务能力。二是各联建单位面向企业积极推广中医适宜的技术转岗培训及企业培训。项目主持学校作为湖南省针灸学会副会长单位，充分发挥行业平台作用，将资源库建设的各类标准性成果推广到湖南省 7 个市、自治州的企业。合作企业株洲市扶阳医疗器械有限公司将资源库建设的各类标志性成果推广到全国 32 个省、自治区、直辖市的健康服务企业。三是项目建设院校利用资源库优质教学资源面向社会学习者开展"中医药知识科普""技能培训"等活动，四川中医药高等专科学校、山东中医药高等专科学校将相关成果应用于当地的保健按摩师的考证培训，提升了社会学习者的职业能力，获得了很好的评价。

辽宁农业职业技术学院、江苏农林职业技术学院联合建设的园艺技术专业教学资源库，针对农民文化水平不高，不习惯在线学习等特点，专门成立注册服务团队，指导农民注册资源库平台。制作各类用户使用手册，展示新型职业农民特色资源。一是注册服务团队在各地举办的各种农民培训班上宣传推广园艺技术专业教学资源库，用手把手、一对一的方式帮助有学习意愿的农民注册并使用。二是注册服务团队学生助手假期回乡期间，引导周边农民注册使用资源库。三是企业顶岗实习的学生在走访农户之余，大力推荐农户使用资源库。据不完全统计，园艺技术专业教学资源库注册农民人数超过1 000 人。盘锦农民王廷悦看了资源库内的生产案例和视频资源后，由衷感叹："资源库真是我们农民的掌中宝，里面东西太有用了。"

5.3 长效运行机制

资源库不仅要建设好优质的教学资源，还要持续地将优质资源服务于教师的教学本身。资源库通过提供长效运行服务，能最大化地发挥出资源库服务专业教学改革的作用。资源库的长效运行机制作为应用和推广的重要保障制度，需要从持续更新资源、提升用户体验、推动升级改进等方面建立保障机制。

5.3.1 促进主动持续更新资源

资源库持续更新机制的建立是确保在后建设时期实现资源内容可持续发展的重要保障。资源库建设相关工作要求指出，通过验收的资源库要持续完善数据、持续更新资源、提升用户体验、加强应用推广，明确制度和经费保障，保证每年新增或更新的资源比例不低于验收时总量的 10%，每年新增用户数不低于验收时总数的 10%，并保持用户活跃程度。[①]

永州职业技术学院、襄阳职业技术学院、沧州医学高等专科学院联合主持的医学检验技术专业教学资源库通过验收后，持续更新资源、提升用户体验、加强应用推广，保证一年更新比例不低于 10%，以及按要求持续投入专项资金，用于资源库的资源共享、推广应用与资源更新。12 所参建院校在推进资源库持续建设和应用方面均制定了相关制度，将教师的职称评聘、考核评价、评优评先等与资源库建设和应用关联。创新性地通过开展师生"全员"共建资源活动来更新资源，一方面组织师生通过云课堂开展在线成果展，展示教师和学生作品，从中遴选优秀作品，丰富资源库素材；另一方面，有针对性地设计毕业实习任务，指导实习生将实习过程中的典型工作过程、典型检验病例、最新检验技术等制作成教学资源，由项目组择优遴选入库。

天津轻工职业技术学院、佛山职业技术学院、酒泉职业技术学院联合主持的新能源类专业教学资源库按照要求，持续完善激励机制，实现资源库用户数量逐年递增率达 10%。紧跟新能源行业发展技术迭代，系统地分析资源库运行与素材内容的问题与不足，适时不断更新资源，提高资源质量和适应性；持续探索资源库的国际化影响和使用，服务"一带一路"中资企业技术人才的培养，完善更新双语教材 1~2 本，新打造生态文明的专业课程 3 门，实现思政元素进课程、进课堂、进教材。分析资源类型与资源属性，持续建设课程与技能双线并行的资源体系，实现"经费投入制度化，资源内容动态化，专业建设国际化"的长效建设思路，实现资源内容逐年更新的要求。

浙江警官职业学院主持的刑事执行专业教学资源库面向资源库更新，制定经费保障制度和定期通报制度。一是保障资源库建设经费持续足额投入，由主持院校按照每年不低于原项目建设总经费 10% 的比例进行追加投入，专门用于教学资源的更新与技术平台的升级改造。对于后续追加的经费按照年度编制预算，确保经费的投入，并对经费的

---

① 教育部办公厅.教育部办公厅关于做好职业教育专业教学资源库 2019 年度相关工作的通知。

使用绩效及时进行评价。二是建立资源库建设应用的定期通报制度，对参建院校的建设和应用情况进行督促。通过全国司法职业教育教学指导委员会建立的通报制度，持续发挥督促参建院校做好资源库的应用推广的功能，要求各参建单位共同协助，保障资源库学员人数年增长率不低于10%。借助高等教育出版社的相关平台定期监测并通报各参建院校资源库建设应用的情况，对建设应用成效好的学校进行表扬，建设和应用不力的院校提出警告。连续2次警告仍无有效改进的，向司法部法律职业资格管理局申请将其列入司法职业教育行为负面清单。

5.3.2 完善应用数据监测机制

随着资源库建设覆盖领域的扩大，建设体系呈现规模。面对资源库应用推广须持续运行的问题，对海量教学资源的数据质量和使用成效进行实时和持续的监测成为必要手段。监测机制不仅是资源库发展过程中不可或缺的一环，也是资源库长效运行的坚实保障。

2015年建立的"国家级职业教育专业教学资源库运行监测平台"，对已立项建设的资源库和列为国家级备选资源库的资源质量和使用成效进行监测，通过监测平台定期和不定期地采集资源库建设和应用数据，对资源库的使用效果、资源更新、用户行为等进行分析，并适时在相应范围发布资源库建设与应用分析报告，为资源库管理、推广、决策和规划提供依据。

（1）监测数据为资源库的建设管理提供依据。

成都航空职业技术学院主持的模具设计与制作专业教学资源库根据资源库监测平台发布的应用报告监测内容指标，制定推进方案，将模具设计与制造专业教学资源库还未达到的指标做成台账，生成推进计划表。该计划表包含用户标准、资源标准、应用情况、用户更新、资源更新五个维度。在每个维度中，将监测数据反映不达标、不合格的指标列举出来，并配上每个指标的推进计划。同时为专业教学资源库子项目引进助教，有效地解决了问题处理不及时、教师工作量大以及对信息技术要求高等方面的困难。再者邀请专家根据指标评议子项目，通过数据对比、内容结构的合理性分析，来确定子项目是否达标。此外，还聘请了校内专家5位，依据专家评议表为子项目打分，子项目通过专家验收后不再重新制定子项目整改计划，否则要重新制定子项目整改推进计划，且继续接受专家评议，直到通过为止。[①] 通过监测数据，模具资源库的管理更加得科学，并可持续发展，从子项目上就严控质量，从而提高整个资源库的质量水平。

北京经济管理职业学院、中国珠宝玉石首饰行业协会、兰州资源环境职业技术大学（原兰州资源环境职业技术学院）联合主持的宝石鉴定与加工专业教学资源库建设项目团队先后制定了项目实施、项目管理、项目运行、资金管理、成效评估等一系列保障制

---

① 罗影，郑金辉.基于大数据的高职专业教学资源库生态发展模型研究 [J].成都航空职业技术学院学报，2019，35（02）：12-15.

度，对资源库的整体建设、协调管理、资源制作和应用推广都起到了很好的指导、规范和约束作用。项目建设实施引入项目管理制度，对项目进度、项目过程、项目成本和项目质量实施管理。资源库专项资金坚持"分级管理、专账核算、专款专用、足额拨付"的原则。通过监测数据平台，对项目建设实行全过程监控，实时掌握资源库建设进度和质量信息，保障了资源库建设的顺利实施。

（2）监测数据为资源库以用促建提供机制保障。

杨凌职业技术学院、南通科技职业学院、重庆水利电力职业技术学院主持的水环境监测与治理专业教学资源库在资源建设方面，采用"分级负责、全程监控"的管理模式。首先由主持院校进行整体设计和规划，主持院校主要任务是划分各子项目主持单位和主持人建设任务并督促按时按质按量完成建设任务，及时将建设经费划拨到子项目主持院校，各子项目主持单位和主持人负责划分该子项目各参与单位建设任务并督促其按时按质按量完成任务；其次是结合教育部资源库监控平台发布的监测报告以及智慧职教平台自身的监测报告，实时监控各子项目建设情况（包括各子项目资源建设的数量、类型、质量）以及应用推广情况（包括注册用户总数、注册教师用户、学生用户、企业用户和社会用户数及其应用情况），为资源库的建设成效评价提供基础，有助于进一步提高教学资源的建设质量。

湖南中医药高等专科学校主持的民族文化传承与创新子库——针灸推拿传承与创新专业教学资源库成立以黄宇辉优秀教师为代表的项目建设质量监督小组，负责资源建设和应用质量检查，制定了《职业教育民族文化与传承子库—针灸推拿传承与创新教学资源库资源质量管理办法》，明确建设质量和监督管理，先后下发了4次质量和进度检查通报，保障按照项目质量要求进行资源建设与应用。根据教育部反馈的监测数据进行整改，包括整改资源库实名化用户总数和占比偏低相关情况，以及整改无互动教师用户、无活动学生用户、无访问量资源占比偏高等问题。一是整改实名化用户，对比数据来自资源库运行平台和"人才培养工作状态数据平台"，根据教育部下发的未实名教师和学生名单完善实名注册；二是整改无活动用户，根据无活动、无互动教师和学生名单进行清理和提醒，推动开展学习活动；三是整改无访问量资源，根据无访问量资源列表清单，评估检查相关资源存在的必要性，清理无用、无效资源，调整和推介有用、有效资源开展学习活动。

5.3.3 持续升级改进优化资源

2015年职业教育专业教学资源库开始对已验收资源库在更新到位、应用效果较好的情况下给予适度奖励。专业教学资源库为优质教学资源的共建共享发挥了持续性、独特性、引领性的作用。2019年，《国家职业教育改革实施方案》提出要"健全专业教学资源库""进一步扩大优质资源覆盖面"，对教学资源库在新发展时期提出了更高的要求。

河北工业职业技术大学（原河北工业职业技术学院）主持的职业教育环境监测与治

理技术专业教学资源库于 2013 年 7 月立项，2015 年 12 月通过教育部验收。项目主持院校组织合作院校制定各子项目任务书，统一资源建设标准，规范了制作格式，完善了过程管理制度，包括《国家级职业教育环境监测与治理技术专业教学资源库建设资金管理实施细则（2018 版）》《资源库建设项目管理办法》《资源库资源更新、应用与推广管理办法》《资源库使用、考核及奖励暂行办法》《资源库建设项目联盟院校学生课程环境监测与治理技术专业教学资源库项目总结报告》《学分互认管理办法（试行）》《资源库子项目级别认定管理办法》《过程指导制度》《走访检查制度》《汇报制度》《过程反馈制度》《审核把关制度》和《会议制度》，建立了资源库建设和长效运行机制。2016 年项目组启动资源库升级改进建设工作，于 2018 年 6 月获得立项列为教育部资源库升级改进支持项目。

无锡职业技术学院主持的数控技术专业教学资源库从 2007 年启动建设，2010 年获批立项，2012 年通过教育部结题验收。2013—2014 年进行了后续更新建设，一是对大量老旧图片资源和文本性资源进行大幅度缩减，使之降至"占全部资源 50% 以内"的规定要求。全部按新支持平台的技术标准，按最新的标准重新录入规定的题库，淘汰大量的不符合新平台媒体格式规范的资源作品，改进为平台支持的媒体格式，全部资源逐一完成了一轮升级改进，同时采集了一批体现新技术的教学资源；二是为"打通信息化教学最后一公里"，进行了三次大规模的平台迁移，从校园端平台到租用阿里云空间的方案，最后大规模迁移到了智慧职教和云课堂平台，初步解决了资源库平台不好用和无法用的瓶颈，为资源库在教学中投入实际使用奠定了基础；三是以消除"三僵"为重点，全面推进资源库在课程教学中投入实际使用，通过实名制注册工作和各课程教学考核方式改革等方式，成效显著。2015 年 7 月，经"国家级职业教育专业教学资源库项目管理与监测平台"数据汇总，专家评议推荐，成为教育部资源库升级改进支持项目。

宁波职业技术学院主持的物流管理专业教学资源库在应用推广方面成效显著，基于线上教学或线上线下混合教学，探索了教与学、教与教、学与学互动的专业教学模式，促进了教与学的改革。推动了资源库在学校专业教师中率先使用：项目主持学校中使用资源库进行专业教学的学时数占专业课总学时的比例达 66.7%，项目联合建设学校使用资源库进行专业教学的学时数占专业课总学时的比例达 42.3%；推动了资源库在联建院校相关专业学生中广泛使用：项目主持学校中本专业学生使用该资源库的比例达 68.7%，联合建设学校中本专业学生使用该资源库的平均比例达 58.24%；资源库浏览下载互动情况良好。在线注册的包括教师、学生和企业、社会学习者等各类用户都愿意积极使用资源库浏览、下载资源，参与课程学习和线上互动等。推广应用效果较好，升级改进成效显著，于 2015 年获教育部资源库升级改进支持项目立项。

第六部分　直面挑战，再踏征程

2019 年 1 月 24 日，国务院印发《国家职业教育改革实施方案》，指出要"健全专业教学资源库，建立共建共享平台的资源认证标准和交易机制，进一步扩大优质资源覆盖面。"① "职教 20 条"明确了进一步建立健全专业教学资源库的各项机制，以共建共享为目标，建立教学资源的开发、认证、交易和应用有关的一系列机制。不断完善以服务学生和课堂教学为主、以信息化为基础，逐级建设，选优支持，全流程管理。在此基础上，不断满足扩大优质教学资源覆盖面的基本要求，将专业教学资源库打造成反映最新教学改革成果、兼顾典型示范和个性需求、共同建设维护应用的教学资源共建共享平台。②

科技革命，产业变革。新一轮科技革命和产业变革正在快速发展，而本轮科技革命和产业变革不同以往，信息化赋能、"互联网 +"、数字经济、人工智能等技术的发展已经成为变革中的主要影响因素。③④ 随着公共卫生事件的影响，自主产业升级遭遇"卡脖子"事件以及国内外发展环境的变化，进一步凸显了我国加快产业转型升级的急迫性。例如，将集成电路产业和软件产业作为信息产业的核心，并将其作为引领新一轮科技革命和产业变革的关键力量；⑤ 将发展新能源汽车确立为我国从汽车大国迈向汽车强国的必由之路，也作为我国应对气候变化、推动绿色发展的战略举措。⑥ 充分发挥高校基础研究深厚和学科交叉融合的优势，加快构建高校碳中和科技创新体系和人才培养体系，构建教育、科技和产业统筹推进、融合发展的格局。⑦ 显而易见，职业教育也须围绕着新

---

① 教育部办公厅关于做好职业教育专业教学资源库 2017 年度相关工作的通知 [EB/OL].（2017-05-27）.

② 张启明，李晓秋，李礼，等.职业教育专业教学资源库提质转型与升级策略 [J].中国职业技术教育，2021（17）：25-30.

③ 国务院.国务院关于积极推进"互联网 +"行动的指导意见 [EB/OL].（2015-07-01）.

④ 新华社.中共中央关于制定国民经济和社会发展第十四个五年规划和二〇三五年远景目标的建议 [EB/OL].（2020-11-03）.

⑤ 国务院.国务院关于印发新时期促进集成电路产业和软件产业高质量发展若干政策的通知 [EB/OL].（2020-07-27）.

⑥ 国务院办公厅.国务院办公厅关于印发新能源汽车产业发展规划（2021—2035 年）的通知 [EB/OL].（2020-11-02）.

⑦ 教育部.教育部关于印发《高等学校碳中和科技创新行动计划》的通知 [EB/OL].（2021-07-12）.

时代科技革命和产业变革的重点，为国家的重大发展战略服务。

不同类型，同等重要。在"职教20条"中，首次鲜明地提出职业教育与普通教育是不同类型、同等重要，这是职业教育在新时代的新定位，体现着新时代人才观新特点，也成为职业教育新时代类型化改革的行动纲领。[①] 我们不仅要营造人人渴望成才、人人努力成才、人人皆可成才、人人尽展其才的良好局面，同时，为了顺利实现中国制造的转型升级，还急需培养一大批数以亿计的高素质技能型人才。[②] 随着科技的不断发展，与工作岗位有关的职业知识也在快速更新，职业教育也不能再局限在校园内，需要与时俱进，充分发挥信息技术的优势，利用互联网平台，不断探索开展线上线下不同组合形式的在职教育和终身教育。

央地协同，百花齐放。为区域产业发展服务是职业教育的鲜明特点，因此，职业教育的治理体系也在持续发生着变革。其中，职业教育治理改革的关键方向之一是中央的简政放权与地方的省级统筹。[③] 从未来发展的趋势看，中央层面将逐步做好重点方向的牵引和督导，而省级层面主要做好区域内的资源统筹调配。另一个职业教育治理改革的关键方向是在省级统筹层面引入市场化的竞争机制，让市场作为资源配置的主要手段，提高职业教育办学资源配置的效率，促进各类企业参与职业教育办学，丰富职业教育办学资源，实现各具特色、百花齐放的良好局面。

与时俱进，教学变革。信息化的教学方式可以克服传统教学的空间和时间限制，这不仅仅是对传统教学方式的重要补充，也在疫情防控期间保障了职业院校教学的连续性和连贯性，为实现"停课不停教、停课不停学"做出积极贡献，在各级各类教育中起到了示范作用。203个国家级资源库和217个省级资源库全部免费开放，为职业院校大规模、突发性线上教学提供了较为充足的资源储备。借助疫情防控期间的资源库的大规模使用，不断验证和优化了资源库作为主体的职业教育在线教学方式已经从传统教学模式的配角，逐步走上舞台的中央。我们相信围绕着资源库形成的新型信息化教学模式将越来越不可替代。

整体来看，资源库升级版的建设路径可以探索先从以下几个方面完善，即构建一个应用生态、完善激励机制、开设国际频道、形成项目联动机制、制定认证标准等。在后续的工作中，资源库还须进一步加强教育行政部门的引导，通过组建高层次专家委员会等形式，制定发布指导目录和管理文件，委托相关机构整合服务平台，积极开展资源库认证标准制定、交易机制研发，科学、规范、有序做好数字出版、版权认证、交易平

---

① 李鹏，石伟平.中国职业教育类型化改革的政策理想与行动路径——《国家职业教育改革实施方案》的内容分析与实施展望[J].高校教育管理，2020，14（01）：106-114.

② 中共中央办公厅，国务院办公厅.关于分类推进人才评价机制改革的指导意见[EB/OL].（2018-02-26）.

③ 任占营.《职业教育提质培优行动计划（2020—2023年）》的治理意蕴探析[J].高等工程教育研究，2021（01）：10-16.

台、国际推广等建设和任务，以形成资源库良性运转的发展自觉。[①]

6.1 助力重大战略落地实施

加强产教深度融合，持续推进校企合作。 建立校企"双主体"育人机制，通过契约、联盟等方式确立各方合作关系，在政策层面、制度层面、体制机制层面等科学设计各建设主体之间的规则秩序及权责边界，做到无缝衔接。一是强化引入企业优质资源，持续将行业企业的新技术、新工艺、新业态等优质资源和生产实际案例纳入资源库，呈现行业产业"六新"要求，资源内容体现行业企业发展前沿，以强化资源库的职业教育类型特色和学习适用性。二是打造校企双元的教学团队，制定更具可操作性的管理办法，引导形成行业企业深度参与资源库建设的有效激励机制，广泛吸纳企业相关人员持续参与资源库建设与更新、深度参与协同育人。三是推动企业对资源库的应用，强化资源库在职工入职晋升培训、能力提升培训和继续教育等方面的服务功能，充分结合企业特点，构建适应企业培训要求的资源和课程体系，鼓励企业将资源库作为员工继续教育和培训平台，认可员工通过资源库学习取得的学习成果。

紧随产业转型升级，不断提高服务产业贴合度。 资源库的建设和应用要紧密配合不同领域产业的转型升级，为产业提供高质量的技术技能人才队伍服务。一是由国家级资源库牵头，重点建设和应用符合国家重大战略需求的专业群教学资源库，着重发挥国家级资源库的社会效益。二是以省级资源库为主，面向区域经济发展特色，建设服务地方产业的专业群资源库，着重发挥省级资源库的经济效益。三是引入多元建设主体，共同投入，以满足新兴产业发展需求为目标，不断丰富资源库的建设广度。通过不同层级的和不同建设主体的资源库持续建设和应用，尽可能满足产业发展中的人才队伍建设需求。

加快扩大服务领域，主动提升服务能力和质量。 为更好地适应改革发展需求，须加快提升资源库在人才培养培训方面的服务质量。一是提升资源库标准化课程与专业人才培养方案课程体系对接率，资源库标准化课程应包含专业核心课程，从而提升资源库课程服务学校人才培养力度。二是主动服务 1+X 证书制度，进一步鼓励和引导资源库建设团队与职业教育培训评价组织合作，融入相关职业技能等级证书考核和培训内容，持续扩大资源库与 X 证书的对接面，支持学生获取多类职业技能等级证书，提升就业竞争力和可持续发展能力。三是加快对接"学分银行"，引导制定与应用基于资源库的学习成果认定、积累和转换规则，成为职业教育国家"学分银行"的重要节点。四是拓展资源库社会服务功能，结合各类培训需求，鼓励以资源库内的各类资源为载体，面向企业员工、退役军人、新型职业农民等社会学习者广泛开展技术技能培训。

[①] 张启明，李晓秋，李礼，等 . 职业教育专业教学资源库提质转型与升级策略 [J]. 中国职业技术教育，2021（17）：25-30.

6.2 扩大优质教学资源覆盖

面向高水平专业群，建设高水平资源库。《国家职业教育改革实施方案》中不仅提出高水平专业群的建设任务，也明确要求进一步健全高水平资源库。通过资源库"一体化设计、结构化课程、颗粒化资源"的构建逻辑，实现高水平群内资源优势互补、聚集资源、协同发展，以便更好发挥高水平专业群内专业的集聚效应和服务功能。通过高水平资源库的建设，一是要建设一批实用的教学资源。可以直接覆盖相关专业群的教学范围，深化教师、教材、教法改革，带动联建单位信息化水平整体提升。二是要成为教育链、产业链、人才链和创新链无缝对接的平台。可以成为覆盖共建共享联盟内部院校、企业的教学规范、技术标准高水平分享和学习提升平台，成为教学标准、培养目标与行业企业要求融合的平台。三是要成为增强职业教育社会服务能力的重要载体。可以覆盖不同用户特别是社会学习者的学习需求，为构建学习型社会贡献力量。[①]

扩大优质资源覆盖面，强化专业应用服务。一是要扩大专业覆盖面，结合中职、高职专科、职教本科各级专业目录，重点面向未覆盖到的专业以及国家重大战略发展方向。加大中职及职教本科专业占比，以定期发布指导性目录的方式引导资源库建设，完善部、省、校三级建设机制；通过分级建设方式，实现资源库校级专业全覆盖、省级有区域产业特色、国家择优支持，更好地服务专业发展和人才培养。二是要均衡资源库建设布点，进一步推动优质资源向中西部和贫困地区覆盖。鼓励和支持中西部职业院校围绕优势或特色专业主持或联建资源库，通过东中西协作提高专业和课程建设水平；发挥资源共建共享平台的服务功能，加大对中西部尤其是贫困地区职业院校师生使用资源库的服务保障。三是要凸显资源库建设的特色，持续支持民族文化传承子库建设。鼓励职业院校和行业企业根据自身的实际需求，自行建立具有本专业（群）和产业特点的资源库，并在此基础上申报省级和国家级资源库。鼓励各地教育行政部门建地域特色鲜明且示范作用突出的红色文化、传统文化、工匠文化等特色文化子库。

完善项目奖励机制，激发建设者与应用者参与热情。未来资源库的建设将依托人工智能技术，融入更多科技化、虚拟化、泛在化的教育元素，为资源库的发展、更新提供便捷有利条件，而激发建设主体、应用主体的参与热情，是实现资源库不断优化的重要保证。就目前而言，要依托项目引导等方式，最大限度地将项目成果落实到个人，通过遴选例如"资源库精品课程""大师公开课""优质文化传承类课程""虚拟仿真优秀案例""资源库应用之星"等，激发教师、行业企业人员、学生等群体参与建设和应用的热情。

打造国际合作平台，提升资源库国际影响力。国际化水平是衡量职业教育发展的重要指标。提升职业教育国际化水平，可依托资源库打造国际合作平台。一是可在资源

———————————

① 方灿林，张启明.资源库：高水平专业群的建设基础、要求和表征[J].现代教育管理，2019（08）：71-75.

库中开设在线教育国际频道，满足国际化学习需要。二是可发挥资源库"跨时空"集成教学资源和教学环境的优势，为伴随中国企业"走出去"的职业院校在境外开展企业员工培训、培养当地技术技能人才提供有力支持。三是可结合职业院校"鲁班工坊""丝路学院"建设，面向"一带一路"沿线国家推出以技能培训和技术推广为主的国际化资源、课程、标准以及文化等多元内容。

6.3 健全可持续发展的机制

完善专家组织建设，提供坚实组织保障。资源库建设需要在"基层主责"的实践中创生多元的建设范式，也需要在国家主导的规约下，保障资源库的建设价值和发展走向。一是积极探索"资源库专家委员会"制度，在省级教育行政部门的统筹下，组建专业化、高级别的专家委员会，确立本区域内的资源库重点建设方向，指导共建共享平台建设与运营，为资源库建设应用提供研究、咨询和指导等服务。二是科学做好专家委员会委员遴选工作，按照结构多元、优势互补原则，从院校、行业、企业及教科研院所中遴选实践经验丰富、社会影响力较高的专家学者。专家团队既要包括信息化技术专家，也要包括职业教育教学专家，还要包括产业行业中的能工巧匠。三是建立规范化的专家委员会管理机制，通过合法、合理的政策体系，建立以中央层面的管理部门为主的监管机制，保障资源库建设工作能够在全国范围有序和有效的开展。

形成政策联动机制，实现持续滚动发展。政策的联动性、延续性是保障教育实践持续向好的重要推力。一方面，要建立重点项目间的政策联动机制，实现不同项目持续滚动发展，系统提升资源库与"双高计划""职业教育在线精品课程"等项目之间的关联性，通过联动发展对资源库给予同源、渐进、持续的政策保障。另一方面，要统筹协调中职、高职专科、职教本科资源库的发展，通过政策引导、项目激励、调整绩效评价指标等方式为相关项目提供支持，采用项目互融互促的方式循环滚动推进资源库以及各类项目的发展。

健全认证标准体系，多措并举推动应用。一方面，要建立健全资源认证标准体系，集合职业院校、行业企业、教科研机构等多方力量，对接各类职业教育标准，制订和完善职业教育资源通用认证标准；明确资源共建共享平台的标准实施主体责任，统筹利用多种方式，将认证标准落实到资源开发、汇聚、分发、应用、评价、反馈等各环节，逐步清理现有资源，优胜劣汰，不断提高认证资源的占比和应用覆盖率。另一方面，要带动和助力其他标准输出，采用数字出版或其他方式对通过认证的资源予以版权确认，以平台提供国际化数字课程服务等途径，面向"一带一路"沿线国家，辐射带动职业教育专业教学标准、课程标准、教学仪器装备标准以及行业企业标准等中国标准的输出。

持续开展版权保护，建立健全交易机制。为明确资源库的版权归属，需要制订并完善交易规则、保证规则、定价规则和各项实施技术，开展版权保护、交易机制研发和交易平台搭建等工作。一是可将数字出版作为版权保护和交易定价的重要手段，建立健全职业院校、行业企业、作者、平台之间的工作机制和利益分配机制，做到权责明确。二是鼓励资源开发者向资源需求方有偿共享优质资源，或鼓励资源开发者主动开放所拥有的教学资源版权，建立开发者主动开放版权后的补偿机制。三是资源共建共享平台做好资源知识产权确权、标注工作，以及流转、应用中的全程化和精细化管理。四是采用数字出版物采购、版权拓展、技术服务、校企合作、社会培训、授权使用等方式开展市场交易，使优质资源贡献者获得合理的版权收益，激发资源建设和持续更新的内在动力，加强资源库自我造血功能，实现可持续发展。

后　记

信息技术的发展日新月异，如何搭上信息技术的高速列车，一直是职业教育关心的问题。十几年前，教育部高教司启动国家级职业教育专业教学资源库建设，后由职业教育与成人教育司继续推进，将其作为职业教育在专业教学改革和教学信息化领域的重要试点和探索。十几年来，资源库不仅促进了职业教育教学信息化程度的不断提高，也推进了职业教育教学，对职业教育内涵发展和现代职业教育体系建设产生了深远影响。

本书全面综述了资源库发展历程，展示了资源库十几年间项目建设与应用所取得的主要成果，重点描述了资源库在优质资源共建共享、促进教学理念和教学模式改革、提高师生信息化素养、提升职业教育人才培养质量、增强职业院校社会服务能力等方面的重要作用，并建议资源库要进一步完善建设和应用机制，面向国家重大战略加大优质资源供给，扩大资源使用效益，完善监测机制，持续提高职业技术教育信息化的水平，促进职业技术教育从个人学习、学校教学到整体组织的变革。

受教育部职业教育与成人教育司的委托编写本书，高等教育出版社牵头组建编委会，实行集体研讨和分工执笔相结合的工作方式。本书受到教育部职业教育与成人教育司的精心指导，高等教育出版社、成都航空职业技术学院、江西环境工程职业学院、河北工业职业技术大学、宁波职业技术学院对编著工作提供了大力支持。撰写过程中，孙辉、尹成鑫和李晓秋做了大量的沟通协调工作。在此，一并向为本书出版做出贡献的各界人士表示衷心的感谢。

我们期盼本书能够对社会各界深入认识资源库起到引导作用，对职业院校建设、推广和使用资源库发挥指导作用，对教育行政部门进一步完善政策措施有所借鉴，对教育科研机构和人员进一步深入研究提供参考，从而使资源库在促进我国职业教育教学改革、提升技术技能人才培养质量、服务高质量发展上发挥更大作用。本书在研究和撰写过程中，参考了《中国职业教育质量年度报告》《中国高等职业院校精准扶贫报告（2013—2021年）》等有关资料，在撰写思路方面有所借鉴。

由于时间的限制，以及编写组自身理论水平和技术方法的局限，职业教育专业教学资源库中很多优秀成果和经验还未能在本书中充分地展示，其中不妥之处，敬请读者批评指正。

编者

2023 年 1 月

后记

读者意见反馈

为收集对教材的意见建议，进一步完善教材编写并做好服务工作，读者可将对本教材的意见建议通过如下渠道反馈至我社。

咨询电话　400-810-0598

反馈邮箱　gjdzfwb@pub.hep.cn

通信地址　北京市朝阳区惠新东街 4 号富盛大厦 1 座

　　　　　高等教育出版社总编辑办公室

邮政编码　100029